要素价格扭曲、收入分配与消费需求

石庆芳 ◎ 著

中国财经出版传媒集团
经济科学出版社
Economic Science Press

图书在版编目（CIP）数据

要素价格扭曲、收入分配与消费需求/石庆芳著.
—北京：经济科学出版社，2021.11
ISBN 978-7-5218-3056-9

Ⅰ.①要… Ⅱ.①石… Ⅲ.①生产要素-价格-影响-收入分配-研究-中国②生产要素-价格-影响-经济增长-研究-中国 Ⅳ.①F124.7②F061.2

中国版本图书馆 CIP 数据核字（2021）第 225608 号

责任编辑：孙丽丽　撒晓宇
责任校对：刘　娅
责任印制：范　艳

要素价格扭曲、收入分配与消费需求
石庆芳　著
经济科学出版社出版、发行　新华书店经销
社址：北京市海淀区阜成路甲 28 号　邮编：100142
编辑部电话：010-88191348　发行部电话：010-88191522
网址：www.esp.com.cn
电子邮箱：esp@esp.com.cn
天猫网店：经济科学出版社旗舰店
网址：http://jjkxcbs.tmall.com
北京密兴印刷有限公司印装
710×1000　16 开　10.25 印张　190000 字
2021 年 11 月第 1 版　2021 年 11 月第 1 次印刷
ISBN 978-7-5218-3056-9　定价：42.00 元
(图书出现印装问题，本社负责调换。电话：010-88191510)
(版权所有　侵权必究　打击盗版　举报热线：010-88191661
QQ：2242791300　营销中心电话：010-88191537
电子邮箱：dbts@esp.com.cn)

前　言

近年来，要素价格扭曲、收入分配与消费需求是我国政府和学术界都普遍关注的宏观经济现实问题。就收入分配而言，我国目前面临着劳动者报酬如何跟上经济的发展，才能使要素收入分配和居民收入分配都趋于合理化的问题。就消费需求而言，我国自20世纪90年代以来，居民消费需求持续不振已经严重影响我国经济的发展和转型，造成我国对投资和出口发展模式的依赖越来越严重。就要素价格扭曲而言，资本价格扭曲和劳动价格扭曲的长期影响了我国经济的发展和经济结构转型。实现资源配置的市场化，避免政府的干预，是我国当前要素市场化改革的关键。本书旨在从理论和实证上厘清要素价格扭曲、收入分配与消费需求间的关系，为完善收入分配格局、破解消费需求低迷及转变经济发展方式提供新思路，为推动要素市场化提供理论支撑。

第一，构建模型，从理论上分析了要素价格扭曲对收入分配（包括居民收入分配和要素收入分配）与消费需求的影响，分析表明，要素价格扭曲加剧了我国的收入分配失衡问题，不利于缓解当前存在的消费需求不足。

第二，使用生产函数方法，衡量了我国1990~2012年各省的资本、劳动和总的要素价格扭曲程度，分析发现我国要素价格扭曲存在几个重要拐点，即1993年的资本价格扭曲、劳动价格扭曲和总的要素价格扭曲达到了"波峰最高值"；2004年的较小的阶段"波峰最高值"；2008年"波谷阶段最低值"，其中劳动价格扭曲的拐点更是明显。因此，我们认为经济改革和重要经济事件、危机等都会对我国要素价格扭曲产生影响。从波动趋势上看，总要素价格扭曲和资本价格扭曲程度在1993年达到"波峰"后就进入了一个长期的缓慢下降期，但是在2004年进入新的"拐点"后开始缓慢上升，2008年后进入较快上升期；劳动价格扭曲长期来看是一种上扬的趋势，虽然2004年经历了拐点开始缓慢下降，但是在2008年后又恢复了上升的趋势。

第三，对要素价格扭曲与居民收入分配之间的关系进行了检验，结果表明，样本期间内，总要素价格扭曲和资本价格扭曲加剧了我国居民间收入分配的不平衡，而劳动价格扭曲同居民收入分配失衡之间则呈非线性相关，遵循倒"U"型演化曲线，即伴随劳动价格扭曲的上升，居民收入分配失衡经历了先拉大后缩小的过程。

第四，实证分析了要素价格扭曲和要素收入分配之间的关系，结果如下。（1）总的要素价格扭曲同要素收入分配失衡之间呈平滑的"U"型关系，从散点图可看出图形多数处在"U"型的底部，仅有少数点在右侧，这说明当前总要素价格扭曲对要素收入分配失衡的影响是很弱的；同时也给我们启示，如果未来总的要素价格扭曲降低，很有可能会促进劳动报酬份额的提升，缓解要素价格扭曲的不平衡，二者之间的关系会更多地出现在"U"型曲线的左侧。（2）资本价格扭曲显著促进了劳动报酬份额的上升，有利于缓解要素收入分配失衡。（3）劳动价格扭曲显著抑制了我国劳动报酬份额的上升，是要素收入分配失衡的重要原因。

第五，实证分析了要素价格扭曲、收入分配对消费需求的影响。研究如下。（1）要素价格扭曲特别是劳动价格扭曲的上升显著不利于我国消费水平的提高，这也是我国近年来消费持续不振的重要原因；劳动报酬份额的上升有利于我国消费需求的提高，说明如果能够缓解当前存在的要素收入分配不平衡问题，将有助于解决消费的持续低迷。（2）要素价格扭曲程度的上升扩大了消费与投资之间的差距，不利于消费水平的提高，而劳动报酬份额的上升能够减小消费和投资之间的差距，有助于消费和投资的合理化。

最后，在理论分析和实证分析的基础上提出本书的政策建议。

目 录

第1章 绪论 ………………………………………………………… 1
  1.1 研究背景及选题意义 ……………………………………… 1
  1.2 研究思路和结构安排 ……………………………………… 5
  1.3 研究方法及数据说明 ……………………………………… 9
  1.4 研究特点 …………………………………………………… 10

第2章 相关文献综述 …………………………………………… 12
  2.1 国内外研究文献 …………………………………………… 12
  2.2 文献评述总结及值得拓展的研究空间 …………………… 24
  2.3 本章小结 …………………………………………………… 25

第3章 理论构架和作用机制分析 ……………………………… 26
  3.1 经典理论模型的分析 ……………………………………… 26
  3.2 理论模型构建、假说与影响路径识别分析 ……………… 31
  3.3 本章小结 …………………………………………………… 39

第4章 要素价格扭曲的度量与分析 …………………………… 41
  4.1 引言 ………………………………………………………… 41
  4.2 理论模型的设定和变量数据说明 ………………………… 44
  4.3 要素价格扭曲的衡量与分析 ……………………………… 46
  4.4 本章小结 …………………………………………………… 56

第 5 章　要素价格扭曲与我国居民收入分配失衡
——基于省级动态面板 GMM 的分析 ························ 59
- 5.1　问题的提出 ·· 59
- 5.2　计量模型的设定和说明及描述性分析 ···················· 61
- 5.3　价格扭曲对中国收入失衡的实证分析 ···················· 68
- 5.4　本章小结 ·· 79

第 6 章　要素价格扭曲与我国要素收入分配失衡
——基于省级动态面板 GMM 的分析 ························ 81
- 6.1　问题的提出 ·· 81
- 6.2　计量模型的设定和变量说明 ·································· 83
- 6.3　计量结果与分析 ·· 89
- 6.4　本章小结 ··· 101

第 7 章　要素价格扭曲、收入分配与内需不足
——基于省级动态面板 GMM 的分析 ······················· 104
- 7.1　引言 ··· 104
- 7.2　计量模型的设定和变量说明及描述性分析 ············ 106
- 7.3　计量结果与分析 ··· 111
- 7.4　本章小结 ··· 133

第 8 章　结论与建议 ··· 135
- 8.1　结论 ··· 135
- 8.2　建议 ··· 137
- 8.3　不足与未来研究方向 ·· 139

参考文献 ·· 140
致谢 ·· 155

第1章 绪　　论

1.1　研究背景及选题意义

始于1978年的渐进式改革，极大地推动了我国经济的发展，全社会财富快速增加，然而经济增长的背后也隐藏着诸多危机和问题。据《中国统计年鉴2013》数据，1990年国内生产总值（GDP）为18718亿元，2012年国内生产总值高达516282亿元，是1990年的27.6倍；2012年人均国内生产总值为38420元，是1990年1644元的23.4倍。但是我们也发现，伴随国内生产总值和人均国内生产总值的快速增长，消费需求增长却显得滞后，2012年最终居民消费总量为190423亿元，是1990年消费额9450.8亿元的20.1倍，而同年人均消费量仅是1990年的17.01倍。由此可以看出，我国居民消费水平伴随经济发展，不仅没有得到快速提升，总体消费水平反而降低了。另外，据《中国统计年鉴2013》数据显示，全社会固定资产投资2012年高达374695亿元，是1990年4517亿元的82.95倍；出口总额2012年达到12935.07亿元，是1990年出口额2970亿元的4.35倍。上述数据说明，20多年来我国的经济增长、全社会投资、出口和消费在总量上都取得了较大的发展，增长迅速。

然而，总量快速增长的背后也隐藏着差异和危机。首先体现在总量指标之间的差异性上。一是我国总体消费的增长严重慢于投资和出口的增长，投资和出口2012年分别是1990年的82.9倍和43.5倍，同期消费仅是21.6倍。这说明拉动我国经济增长的"三驾马车"出现了较大的波动，消费需求的不足和投资的快速增长造成了我国经济严重的"相对过剩"，进而促使了我国外向型经济的发展及对出口的依赖性，由此造成我国经济的发展易受国外经济波动影响。二是我国经济增长严重滞后于投资和出口的快速增长。2012年国内生产总值仅为1990年的27.6倍，远低于投资和出口。这说明随着我国资本的快速增加其相应的生产效率并没有跟上，而政府的干预下，效率的降低更多应该是由资源错配造成的。一方面，在资本价格扭曲的情况下，资本的相对稀缺性在政府干预下流向了效率较低的国有企业或者政府偏向支持的行业，造成了资源的浪费。另一方面，在劳动市场化滞后的情况下，户籍制度等限制了劳动力的流动，造成了劳动资源配置效率的低下，劳动价格扭曲也带来了要素收入分配的不公平以及在不同企业、不同行业等就业人员收入的差距。三是消费需求增长的速度也相对落后于经济增长的速度，也就是说社会财富的增长并没有带来人们消费的同比上升，社会财富分配的不公平在加剧。

其次，伴随总量指标的快速飙升，微观指标整体增长相对较小。据《中国统计年鉴（2013）》，2012 年人均 GDP 为 38420 元，是 1990 年 1644 元的 23.4 倍；2012 年城镇家庭居民人均可支配收入为 24564 元是 1990 年 1510 元的 16.3 倍，而同期农村地区 2012 年为 7916.6 元，仅为 1990 年 686.3 元的 11.5 倍；人均劳动报酬 2012 年为 32834 元，是 1990 年 1700 元的 19.3 倍。由此可以看出，一方面，人均劳动报酬的增长速度不仅低于总量 GDP 增长，而且低于人均劳动生产率的增长速度，从而造成了我国劳动报酬占比的持续下降（白重恩和钱振杰，2009），劳动者没有同步分享经济增长的"蛋糕"；另一方面，城乡二元经济结构的存在割裂了劳动的自由流动，也拉大了城乡之间的居民收入差距，城市人均可支配收入与农村人均纯收入的比值也由 1990 年的 2.2 倍增加到 2012 年的 3.1 倍。李实（2003）研究认为，如果加上补贴和实物收入等，城乡之间的收入差距会更大。

可见，我国经济总量的快速增长一定程度上没有带来国民收入分配格局的改观，还加大了收入分配的不平衡。具体来看，一是劳动者收入增长落后于相应的劳动生产率的增长，从而使总体劳动报酬占国内生产总值的比重不断降低；二是劳动报酬增长同经济增长的不匹配使我国消费水平不断降低，消费需求的不足进一步推动了我国"投资与出口拉动的经济增长"模式，造成了经济的失衡。总之，消费需求不足和收入分配失衡已成为制约我国经济发展的重要因素，也引起了国家和不少学者的关注。我国政府在十八届三中全会上明确提出"要形成合力的收入分配格局，努力实现劳动者报酬和劳动生产率的同步增长"，并努力缩小不同行业、不同企业和城乡之间的收入差距。

针对中国当前这一经济现实，王小鲁和樊纲（2009）将其概括为"六高"，即高投资、高储蓄、高消耗、高环境代价、高劳动密集和高出口依赖程度。汪同三和蔡跃洲（2007）研究指出我国依赖投资和出口拉动的经济增长模式，其根本原因在于收入分配机制存在扭曲。奎吉斯（Kuijs，2005）、李扬和殷剑锋（2007）等研究指出中国国民收入分配格局的不平衡是造成消费内需不足的重要原因。诚然，造成我国收入分配格局失衡和"三驾马车"的原因是多方面的，也是错综复杂的。这一现象既受我国经济发展阶段的限制，同时也受我国经济转轨、政策等的影响。正如杨格（Young，2000）研究指出，中国渐进式改革取得了巨大的成功，但是也由于其路径依赖性等留下了诸多弊端，要素扭曲就是其中一个重要的例子。盛仕斌和徐海（1999）研究指出，始于1978年的中国渐进式增量改革的一个长期存在的特征就是市场扭曲。伴随着我国改革开放的推进，产品市场化程度逐步消失，然而，要素市场的扭曲至今仍然存在，而且是多方面的。

首先，我国资本市场化程度不高，存在资本价格扭曲。资本市场化程度不高造成了企业融资只能依赖从银行机构贷款，但是在资本价格扭曲的情况下，政府会对国有银行进行干预，使得银行的贷款更倾向于配置于国有企业或者和政府关系密切的企业，从而造成获得资本的企业并不一定是资金使用效率最高的企业，由此产生了资源浪费和资本总体效率增长缓慢，甚至下降。事实上，近年来我国资本的边际产出已在不断降低。资本价格的扭曲不仅带来了我国投资的"潮涌现象"和"产能过剩"（林毅夫、巫和懋等，2010），还造成了我国经济发展的粗放型增长，正如张杰和周晓艳等（2011）研究指出，要素市场扭曲不利于我国企业研发投资的增加。在这种情况下投资拉动的经济增长模式得到了固化，经济发展也对其具有较强的依赖性（李扬、殷剑峰和陈洪波，2007），但是我国的投资相对上升的格局始终没有得到改观，甚至在2008年受国际经济危机影响后，出现了投资的"井喷现象"。当然，资本的快速增长也有利于推进我国的资本深化，提高劳均资本存量，如果资本深化造成了投资对劳动的替代，则不利于劳动力就业及劳动报酬的上升；如果是资本和劳动的互补，则明显有利于我国劳动报酬的上升。我国的情况还有待验证。

其次，我国劳动市场化不高，当前我国城乡之间、地区之间受到户籍制度的影响，严重限制了我国劳动力的流动，制约了低收入地区向高收入地区的流入，同时这一现象也不利于提高劳动力资源的配置效率和促进区域间经济发展的趋同。另外，户籍制度不仅仅限制了劳动力的跨区域流动，而且流动后的劳动力不能享受工作所在的各种福利，包括养老保险、子女上学、医疗保险等，由此而产生了对流动劳动力的扭曲，政府如果把扭曲得来的利益分给当地居民，则会造成财富在居民间的转移；相反，若是把扭曲利益补贴给了企业，则有利于企业成本的降低，而且会有更强烈的投资动机，同时这也是财富分配向资本的一种倾斜。我国长期存在城乡二元经济结构，农村存在大量剩余的劳动力，进一步压低了进城务工者的保留工资（陆铭和陈钊，2004）。

最后，我国土地市场市场化严重滞后，按照我国规定，城市土地归国家所有，而农村土地归集体所有，但是政府对土地使用具有批准权，而且企业没有直接参与征集土地的权利。在这种情况下，一方面，政府通过低价征收农民或者集体的土地，然后再以较高的价格卖给企业使用，土地"剪刀差"造成了财富在居民和政府之间的转移，进而降低了居民的财产收入，不利于消费内需的上升。另一方面，政府 GDP 增长考核机制下，具有强烈拉动地方经济增长的动力，地方政府间为了招商引资形成了强烈的竞争，会把土地以较低的价格出让给企业使用，或者给予其他相应的补贴，从而造成了财富向生产者的转移。

总之，要素市场化发育程度的滞后造成了我国要素价格扭曲，而且政府的干预也延缓了我国要素市场化进程。从上述分析可以看出，要素市场化滞后不仅造成了资源配置的不合理和较低的资源效率，而且也造成了财富分配的不公平（包括不同企业、不同行业和不同个人之间财富分配的不公平，及劳动者、资本所有者和雇佣者之间财富转移的不公平）。张曙光和程炼（2010）分析认为要素价格扭曲影响了我国财富分配，价格扭曲不仅降低了市场运行效率，也使财富向垄断部门、资产所有者和国外转移，不利于社会稳定和经济长远发展。

综合现有研究成果和我国宏观经济现实，关于要素价格扭曲对收入分配和消费需求的影响的研究文献相当有限，而且不具有系统性，无论在理论上还是在经验分析上都有待深层次的分析。当前我国正处于经济转型期和制度变革时期，正如党的十八届三中全会提出的"全面深化改革"，因此我们的分析离不开改革这一现实，同时我们也期望本书的研究能够为我国的经济改革提供有益的建议和可操作的政策思路。另外从理论和学术上来说，本书在现有研究文献的基础上，能够厘清要素价格扭曲、收入分配和消费需求之间的关系，并结合我国的宏观经济环境和经济发展阶段两个现实，进行翔实的理论分析，在此基础上实证分析要素价格扭曲对收入分配和消费需求的影响效应，从而为我国收入分配和"三驾马车"的合理化和再平衡提供有益的建议，这也从学术角度充实了相关问题的研究文献。当前我国正处于经济转型的关键时期，如何突破投资拉动的经济增长方式和破解消费需求的长期低迷，本书提供了新的思路；对深化要素市场改革、收入分配平衡及缩小城乡之间的收入差距，本书进行了翔实的理论和经验探讨，同时也提供了较科学的理论和经验支持。

1.2 研究思路和结构安排

1.2.1 研究目标

始于 1978 年的渐进增量式改革是成功的，我国经济发展取得了辉煌的成就，但是增长的背后也隐藏着弊端和危机。目前我国收入分配格局有待优化，消费需求持续不振，而同时我国要素市场化发育程度滞后，要素价格扭曲存在，经济发展亟须转型。鉴于目前研究我国要素价格扭曲影响效应的文献较少，尤其缺少系统详尽的理论和实证探讨，本书旨在厘清要素价格扭曲与收入分配和消费需求之间的关系，并从理论和实证角度进行分析。我国资本价格扭曲和劳动价格扭曲的程度究竟有多大，二者之间是否具有差异性？总要素价格扭曲、资本和劳动价格扭曲对我国居民收入分配和要素收入分配格局又具有什么特征，它们的影响是否具有差异性？资本价格扭曲有利于资本深化，那么资本和劳动之间是替代关系还是互补关系呢？当前我国消费需求持续低迷，消费投资间的失衡不断加剧，要素价格扭曲能否对其解释，又对破解这一难题和推动我国经济转型具有什么意义？综上，本书对其进行探讨分析，以期对推动要素市场化、改善收入分配格局、破解消费投资失衡及经济转型提供更科学的理论支持和经验依据。

1.2.2 研究思路

本书在综述现有国内外研究文献基础上，基于扭曲理论、制动经济学、劳动力转移和二元经济结构等理论，结合我国目前宏观经济现实，形成研究框架和研究技术路线。首先，我们构建要素价格扭曲对收入分配和消费需求的理论模型，从理论角度进行模型分析，在此基础上提出命题假说；其次，基于我国升级面板数据，测度了要素价格扭曲情况，并在此基础上实证分析了要素价格扭曲对居民收入分配和要素收入分配的影响；再次，进一步探讨了要素价格扭曲、收入分配对我国消费需求和消费投资失衡的影响，为破解我国消费需求低迷、改善收入分配格局和转变投资拉动经济增长模式提供深层次解释；最后，根据本书的理论和实证分析得到其政策含义。技术路线见图 1-1。

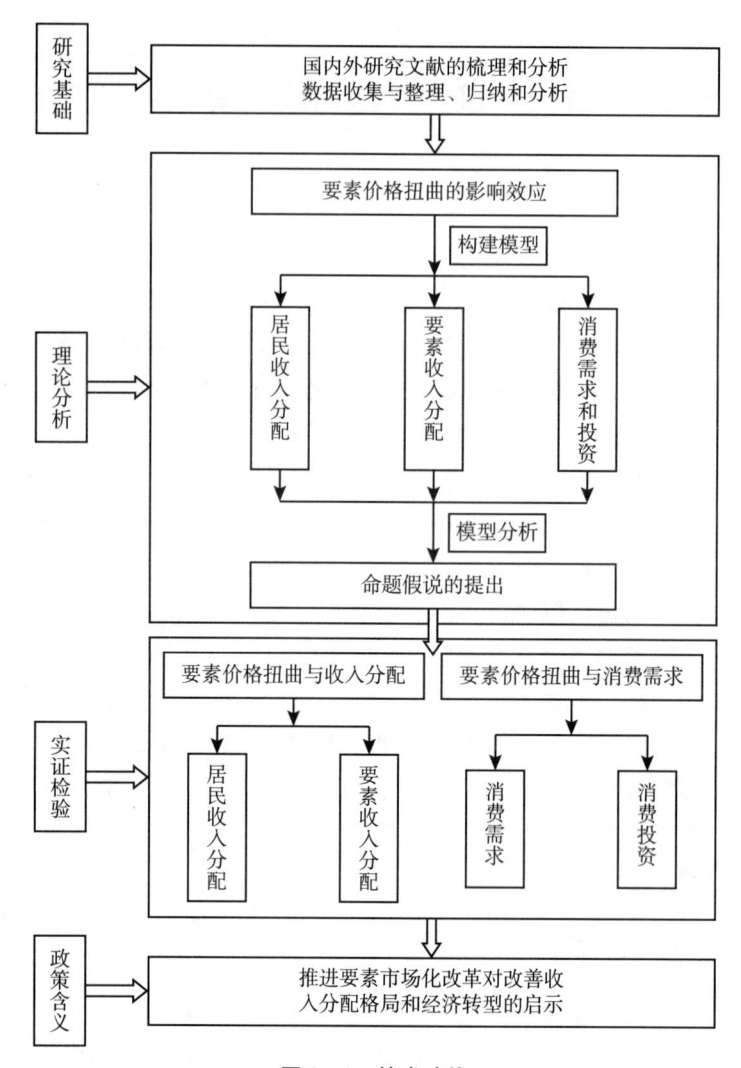

图 1-1 技术路线

1.2.3 结构安排

根据研究目标和研究思路，本书包括 8 章内容，具体安排如下：

第 1 章，绪论。主要阐述研究背景和研究意义，介绍了研究目标、研究思路、结构安排、研究方法、变量和数据说明以及研究的创新与不足，从而为整体理解本书的结构和内容提供了线索。

第 2 章，相关文献综述。本章主要是对要素价格扭曲相关的理论和实证研究文献进行梳理，同时简要梳理收入分配和消费需求等相关文献，结合我国渐进增量式改革和亟须转变投资拉动的经济增长方式等现实背景,提炼出研究思路和重点。本章的结构安排是首先从国外和国内两个角度回顾要素价格扭曲相关文献,其次对收入分配相关文献进行简要回顾;最后对文献进行述评和总结。

第3章,理论构架和作用机制分析。本章旨在从理论上探讨要素价格扭曲同收入分配和消费需求之间的关系,为后续的实证检验和分析提供理论支持。首先,我们介绍了被引用较高的经典理论模型——谢长泰和克雷诺(Hsieh and Klenow,2009)模型,并对该模型进行了分析。其次,借鉴谢长泰和克雷诺(2009)模型、城乡二元经济结构理论、转轨经济学和经济增长理论模型,结合我国目前的宏观经济现实,构建要素价格扭曲对收入分配和消费需求影响的理论模型,并进行相应的理论和模型分析。通过理论分析我们发现,要素价格扭曲、资本价格扭曲和劳动价格扭曲是影响我国居民收入分配和要素收入分配及消费需求的重要原因,同时我们也发现收入分配和消费需求也受我国经济发展阶段的影响。最后在理论和模型分析的基础上,我们提出了本书的命题假说。本章为后续的经验研究提供了较好的理论支持,同时也有待后续的经验验证。

第4章,要素价格扭曲的度量与分析。首先,对当前要素价格扭曲的度量进行综述分析,在此基础上界定了本书要素价格扭曲的内涵。其次,借用谢长泰和克雷诺(2009)模型、施炳展和冼国明(2012)等做法,使用了目前比较成熟的方法生产函数方法,测度了我国各省市1990~2012年的资本和劳动边际产出水平,并进行了简要分析;根据前文分析,我们给出了我国29个省区1990~2012年的总要素价格扭曲的值,并从趋势、波动、拐点的角度进行了分析,同时还分区域做了对比分析。最后,根据分析的结果,我们给出了可能的原因,并作简要分析。本部分的分析是后续实证和经验分析的基础,后文分析也将借鉴本部分要素价格扭曲的度量值。

第5章,要素价格扭曲与我国居民收入分配失衡。本章基于我国各省区1990~2012年的面板数据,并利用动态面板广义矩估计方法,实证分析了要素价格扭曲与居民收入分配之间的关系。研究结果表明,样本期间内,总要素价格扭曲和资本价格扭曲同我国居民收入分配失衡之间是正向关系,即总要素价格扭曲和资本价格扭曲自1990年以来加剧了我国居民间收入分配的不平衡。但是我们也发现,劳动价格扭曲同居民收入分配失衡之间则呈非线性相关,遵循倒"U"型演化曲线,即伴随劳动价格扭曲的上升,居民收入分配失衡经历了先拉大后缩小的过程。

第6章，对要素价格扭曲和我国要素收入分配之间的关系进行了实证分析。本章的分析是建立在第3章的理论和模型分析的基础上构建计量模型，基于我国1990~2012年的省级面板数据，并利用动态面板GMM方法实证考察了要素价格扭曲、资本价格扭曲和劳动价格扭曲对我国目前要素收入分配不平衡的影响。研究结果表明，一是总的要素价格扭曲同要素收入分配失衡之间呈平滑的"U"型关系，从散点图可看出多数是处在"U"型的底部，仅有少数点在右侧，这说明当前总要素价格扭曲对要素收入分配失衡的影响是很弱的；同时也给我们启示，如果未来总的要素价格扭曲降低，很有可能会促进劳动报酬份额的提升，缓解要素价格扭曲的不平衡，二者之间的关系会更多地出现在"U"型曲线的左侧。二是我们发现资本价格扭曲对劳动报酬份额具有显著正向影响，资本价格扭曲程度的上升能够提升劳动报酬份额，缓解要素收入分配失衡。三是劳动价格扭曲对劳动报酬份额具有显著的负向效应，在样本区间内，劳动价格扭曲的不断加剧是我国要素收入分配失衡和劳动报酬份额降低的重要原因之一。本章的研究是第5章的延伸，通过两章的研究可以更系统地理解要素价格扭曲对我国收入分配的影响，也为完善我国收入分配格局提供了新的思路。

第7章，实证分析了要素价格扭曲、收入分配和消费需求之间的关系。本章首先剖析了我国宏观经济现实，并对相关研究进行了综述分析，在此基础上构建了本章的计量模型；其次，基于我国省级面板数据，利用动态面板广义矩估计方法进行了实证分析。本章研究主要包括三个部分：首先，为了更好地刻画对我国消费需求的影响，我们先实证分析了要素价格扭曲、收入分配对"我国投资拉动的经济发展模式"的影响，为理解消费需求的长期低迷做铺垫。其次，本章重点探析了要素价格扭曲、收入分配对我国消费需求的影响，以期为解决我国长期存在的消费不振现象得到启示。最后，为了更好地探析消费需求长期低迷原因及其影响，我们把消费和投资融合为一个变量进行了再检验。在实证检验中我们还引入了要素价格扭曲和收入分配的交叉项，在第7章我们对变量的回归结果给出了相应的解释。本章的研究有助于深层次理解要素价格扭曲和收入分配失衡，同时也为我国破解消费需求不振和消费投资间的失衡提供了新的角度。

第8章，结论与建议。本章首先对前文的研究内容和结论进行了系统的总结；其次根据研究结论，我们就亟须推动要素市场化、完善收入分配格局、破解消费需求低迷和转变经济发展方式提出相应的政策建议和措施。

1.3 研究方法及数据说明

1.3.1 研究方法

一是文献研究法。系统整理搜集阅读国内外相关文献，了解、掌握要素价格扭曲、收入分配和消费需求相关的现有研究文献。通过对比分析国内外相关研究成果，借鉴经典，进而系统、全面、科学地总结和概括研究问题的现状和最新进展，从中为本研究找到可拓展的空间。

二是理论分析和实证分析相结合。本书系统回顾了相关经典理论和研究，在此基础上结合我国宏观经济现实，构建要素价格扭曲对收入分配和消费需求影响的理论模型，进行相关模型分析，根据理论模型分析结果提出本书的命题假说。本书利用我国现实数据，测算了我国各省市要素价格扭曲、居民收入分配和要素收入分配及消费需求的现状和波动趋势，在此基础上分章节实证检验了要素价格扭曲、收入分配和消费需求之间的关系，这既是对本书理论模型分析和命题假说的验证，也是对研究问题进行更精确的经验研究，有助于深层次理解本书的研究问题和更科学地揭示研究问题的发展规律。

三是计量经济学方法。根据研究需要，本书在借鉴已有研究方法的基础上，主要使用了以下计量方法进行了相关实证检验：（1）普通面板数据模型，包括混合效应、固定效应和随机效应模型，并通过统计检验对估计模型进行取舍。（2）动态面板 GMM 方法，采用该方法，有利于克服被解释变量可能具有"惯性效应"以及宏观经济变量之间可能存在的内生性等问题。针对动态面板模型，其回归方法一般使用差分广义矩估计方法（difference – GMM，Diff – GMM）和系统广义矩估计方法（system – GMM，SYS – GMM）；据阿雷亚诺和博韦尔（Arellano and Bover，1995）和布伦德尔（Blundell，1998）及鲁德曼（Roodman，2006）研究，使用系统广义据估计 GMM 方法可以增强工具变量的有效性，也能获取更多的信息，因此本书使用系统 GMM 估计作为基准模型，同时给出差分 GMM 估计结果以便于对比，进一步增强估计的稳健性。针对广义据估计，我们还进行了两项检验：使用 Sargan 检验工具变量的有效性；使用 Arellano – Bond 统计量检验残差项是否存在序列相关。本书估计过程由软件 Stata 11.0 实现。

1.3.2 数据说明

本书采用我国省级数据，原始数据主要来源于以下公开出版的年鉴（主要是电子版）和数据库：

（1）历年《中国统计年鉴》，由中华人民共和国统计局编，从统计局网站查找。各省（自治区、直辖市）历年《统计年鉴》，由各省统计局编写，从各省统计局网站查找。

（2）《新中国六十年统计资料汇编》，国家统计局国民经济综合统计司编，2010年1月出版。

（3）各省（直辖市、自治区）的资本存量数据借鉴了张军、吴桂英等（2004）的结果，然后进行调整和计算。1990~2001年人均受教育年限数据来源于陈钊、陆铭和金煜（2004）的结果，后期数据根据《中国统计年鉴》计算。

（4）数据库：国研网、CCER经济金融数据库、中经网统计数据库、中国年鉴资源全文库。

1.4 研究特点

1.4.1 研究可能创新之处

本书研究的可能创新点主要体现在以下三个方面：

（1）补充了要素价格扭曲、收入分配和消费需求这一研究主题的理论研究。对中国宏观经济问题的探析不能离开中国渐进增量式改革的历程。本书在现有研究文献的基础上，结合我国宏观经济现实，构建理论模型，从模型角度对要素价格扭曲与收入分配和消费需求之间的关系进行分析，可以发现要素价格扭曲是影响收入分配和和消费需求的重要原因之一，同时后者也受我国目前经济发展阶段的制约。

（2）借鉴现有理论和方法，基于我国省级面板数据构建模型，对我国总体要素价格扭曲程度、资本价格扭曲程度和劳动价格扭曲情况进行了测度。在测度后，从演变趋势、拐点、区域差异和要素差异角度，进行了对比分析。

（3）从理论和实证角度论证了要素价格扭曲和收入分配之间的关系，在这里，要素价格扭曲包括资本价格扭曲和劳动价格扭曲两个维度，收入分配也包括居民收入分配和要素收入分配两个维度。在现有研究文献中，尚未系统地从要素价格扭曲的角度分析收入分配。本书在理论模型分析的基础上构建计量模型，从省级角度并利用动态面板 GMM 方法，实证考察了要素价格扭曲与收入分配之间的关系。为推动要素市场化和改善收入分配状况提供了理论和经验支持。

（4）在分析收入分配的基础上，进一步从理论和实证角度探讨了要素价格扭曲、收入分配和消费需求之间的关系。本书的研究不仅丰富了相关问题研究的文献，而且对目前我国长期存在的消费持续低迷和投资的快速上升提供了新的解释。本书的研究为破解收入分配失衡、消费不振及消费投资失衡提供了新的思路，也说明我国转变经济增长方式亟须推动要素市场化。

1.4.2 研究难点及突破方法

（1）对要素价格扭曲的衡量方法目前较多，没有统一的方法，而且针对我国省级要素价格扭曲的衡量尚未形成现成的文献，本书仅是一个尝试，期望未来能够从多角度和多方式进行衡量对比，找出最优方式。

（2）要素价格扭曲对收入分配和消费需求的影响的理论模型构架。现有研究文献缺乏这一方面的研究，本书的理论构架和模型分析，仅结合了我国宏观经济现实，从各自的角度进行了理论构建和分析。因此本书期望未来能够整合现有的理论，将要素价格扭曲与居民收入分配和要素收入分配纳入一个统一的框架内进行讨论分析。

（3）在实证分析方面，仅基于我国省级数据，从宏观层面系统分析了要素价格扭曲、收入分配与消费需求之间的关系。因此，我们期望未来能够从中观行业层面或微观企业层面进行系统的分析和探讨。

第 2 章 相关文献综述

2.1 国内外研究文献

本章主要是对要素价格扭曲相关的理论和实证研究文献进行梳理，同时简要梳理收入分配和消费需求等相关文献，结合我国渐进增量式改革和亟须转变投资拉动的经济增长方式等现实背景，提炼出本书的研究思路和重点。本章的结构安排是首先从国外和国内两个角度回顾要素价格扭曲相关文献，其次对收入分配相关文献进行简要回顾，最后对文献进行述评和总结。

2.1.1 要素扭曲相关文献综述

2.1.1.1 国外相关研究

通过阅读相关文献可以发现，目前国外针对要素价格扭曲的研究主要集中在以下四点：要素价格扭曲的定义、要素价格扭曲的度量、要素价格扭曲产生的原因和要素价格扭曲的影响效应。本章将从这四个方面进行梳理和回顾。

1. 要素价格扭曲的定义

近代以来，经济学家研究经济现象或经济问题，往往会构造一个"黑箱"，然后进行理论化的分析，由此就产生了理论与现实的背离或不一致，经济学者们往往称其为"扭曲"。在西方构造的经济学架构中，真正把扭曲演变为一种经济理论，则是"二战"以后的事情。"二战"后伴随国际贸易的快速发展，关税、福利和最优政策及贫困化增长等引起了越来越多学者的关注，逐渐形成了扭曲理论，并被琼斯（Jones，1981）、凯夫斯（Caves，1974）等总结为战后国际贸易理论的主要发展之一。扭曲理论的形成和发展过程中，哈伯勒（Habeler，1950）、米德（Meade，1955）、哈根（Hagen，1958）、科登（Corden，1957）、巴格瓦蒂和拉那斯瓦米（Bhagwati and Ranaswami，1963）、约翰逊（Johnson，

1966）等在扭曲理论领域做了积极的研究和贡献。巴格瓦蒂（Bhagwati，1971）发表的《扭曲与福利的一般理论》（*The general Theory of distortion and Welfare*）一文中，对"二战"以来扭曲理论的发展进行了详细的概括和总结，从扭曲类型和政策选择优劣的角度，把扭曲理论归纳为以下七个方面：（1）不完全竞争市场条件下的次优理论；（2）贫困化增长理论；（3）市场不完全条件下的政策选择理论；（4）针对关税高低进行的优劣排序；（5）自给自足和贸易自由的优劣排序；（6）自给自足和贸易限制的优劣排序；（7）非经济目标和政策选择的优劣排序。

从要素价格扭曲的定义上看，巴格瓦蒂和拉马斯瓦米（1969）认为在不完善的市场经济环境中，生产要素资源在经济发展过程中没有得到最优化的配置，从而造成要素市场价格对机会成本的偏离，即要素价格扭曲。查乔里亚德斯（Chacholiades，1978）也认同上述对要素价格扭曲的定义，即生产要素的市场价格和机会成本发生了背离，或者说由于市场的不完善和扭曲的存在，经济的发展未达到帕累托最优状态。另外，马吉（Magee，1971）给出了要素价格扭曲的三种形式：要素流动不充分（factor immobility）、要素价格粘性（factor price rigidity）和要素价格差异化（factor price differentials）。

由相关文献可知，要素价格扭曲可以归纳为两类：一类是要素价格的相对扭曲，即要素资源的价格同其产出间的偏离（Lau and Yotopoulos，1971；Atkionson and Halvorsen，1980）；另一类是要素价格的绝对扭曲，即不同部门间的要素支付成本和边际产出的不相等。

（1）要素价格的相对扭曲。要素价格的相对扭曲主要是对于两种或两种以上的生产要素而言，如资本和劳动之间的相对扭曲。基于约翰逊（Johnson，1966）、芒德拉克（Mundlak，1970）及麦琪（Maggie，1973）等的研究，要素价格相对扭曲的公司可以根据以下情况表述：

假设经济存在两个部门 1 和 2，生产要素投入劳动和资本，并且生产两种商品 Y_1 和 Y_2，在市场是完全竞争的条件下，两个部门的生产要素的边际产出价值等于要素的价格，因此我们可以得到：

$$P_1 \frac{\partial Y_1}{\partial L_1} = w_1 \quad P_1 \frac{\partial Y_1}{\partial K_1} = r_1 \tag{2.1}$$

其中，w_1 和 r_1 分别表示劳动工资率和资本租金率；P_1 表示产品价格，Y_1 为产出。

当生产达到均衡时，从式（2.1）可以得出：

$$Q_1 = \frac{w_1}{r_1} = -\frac{dK_1}{dL_1} \tag{2.2}$$

其中 Q_1 为工资和租金的比率。

对于两个部门来说，进一步假定：

$$Q_1 = \delta Q_2 \qquad (2.3)$$

$\delta = 1$ 时表示不存在要素价格相对扭曲，反之则存在要素价格相对扭曲。

（2）要素价格的绝对扭曲。要素价格绝对扭曲不同于相对扭曲，它是针对单一要素而言，在这里基于萨缪尔森（Samuelson，1941）、刘和尤托普洛斯（Lau and Yotopoulos，1972）及阿特金森等（Atkionson et al.，1980）等研究，要素价格绝对扭曲的公式可以表述为：

如果 $Y = Y(X)$ 和 $Z = Y(X) - \sum_j P_j X_j$，其中 $j = K$、L、F，P_j 为要素价格与产出价格作比值处理后的标准化形式，则可以推出式（2.4）：

$$\frac{\partial Q_1}{\partial X_j} = \gamma_j P_j \qquad (2.4)$$

因此，对于要素 j 来说，如果有 $\gamma_j \neq 1$，则表明要素价格存在偏离，即绝对扭曲。

2. 要素价格扭曲产生的原因

早期，新古典经济学派认为市场是完全竞争的，也是可以出清的，在这种情况下，企业根据边际产出等于边际成本生产，按照要素的边际产出价值等于要素的边际价格进行投入。因此要素价格扭曲并没有引起学者们的注意。但是由于垄断势力、不完全竞争、政府干预等原因造成了市场的不完全，进而要素的投入也不再按照经典的边际原则进行决定。特别是"二战"后伴随国际贸易的发展，一些发展中国家开始采取政策干预以推动本国经济的发展，扭曲价格推行出口替代战略来拉动经济发展，从而造成各国之间要素价格的不一致，也吸引了众多学者的关注，如林达尔（Linder，1961）、巴格瓦蒂和拉马斯瓦米（1963）、约翰逊（1966）、马吉（1971）等。但是我们也发现，学者们对引起要素价格扭曲的原因的看法上并不一致，概括来说，主要包括以下几点：

一是内生性扭曲。内生性扭曲是指在没有任何外在干预的情况下，由于市场的不完善引起的。巴格瓦蒂（Bhagwati，1971）也指出要素价格扭曲可能源自市场的不完善。例如存在生产的正或负外部性时产生的扭曲、信息不对称（Mitchell and Andreamoro，2006）等。

二是政策性扭曲。政策性扭曲主要是由于政府为了某一目标会对市场进行干预，从而造成了市场的不完善，进而影响到要素价格的扭曲。巴格瓦蒂（1971）曾把政策扭曲分为自发性政策扭曲和工具性政策扭曲。马吉（1971）指出要素价格扭曲是由于要素流动的不充分、不自由。麦金农和肖（1971）研究认为发展中国家为了推进工业化和经济的快速发展，采取压制利率和资本管制的政策，从而造成了金融抑制现象。琼斯（Jones，1971）研究指出政府对要素补贴，进而造成获取补贴的企业与其他企业间成本的不一致，从而造成要素价格的扭曲。

另外，企业垄断或者工会垄断、城乡二元经济结构、性别歧视及种族歧视等都会造成要素价格的扭曲。

3. 要素价格扭曲的度量

通过梳理和概括文献看，要素价格扭曲的度量主要包括以下方式：

一是生产函数方法，包括普通生产函数、超越对数生产函数等。约翰和戴维德（John and David，1975）利用超越对数生产函数方法估算了资本、劳动和自然资源的边际产出。雷德（Rader，1976）利用生产函数方法对美国和印度农业生产中存在的要素价格扭曲程度进行了衡量。帕克（Parker，1995）在生产函数方法的基础上，使用成本函数方法实证研究了美国规制行业中存在的要素价格扭曲情况。艾伦（Allen，2001）使用阿罗维特（Arrowet，1961）推导的替代弹性生产函数方法估算了苏联资本和劳动的替代弹性，通过替代弹性的大小来判断苏联要素市场化的扭曲程度，他们认为要素替代弹性越大，要素市场化发育程度越好，要素价格扭曲程度越低，反之扭曲程度越高。格塔乔和西奇克斯（Getachew and Sichkles，2007）利用基于成本函数的影子价格估算方法，对埃及的要素价格扭曲程度进行了估算。谢长泰和克雷诺（Hsieh and Klenow，2009）利用生产函数回归方法，分析了中国和印度的资本和产出的相对扭曲程度，以及产生的资源错配对全要素生产率的影响。

二是影子价格方法。阿特金森和哈沃森（Atkinson and Halvorsen，1984）构建了一个利用影子价格测算要素价格扭曲的一般框架，他们认为实际价格对影子价格的偏离大小就是要素价格扭曲程度的大小。阿特金森和康威尔（Atkinson and Cornwell，1998）利用基于成本函数和利润函数的影子价格测算方法，针对美国航空业中的三种生产要素——劳动、资本和能源进行了分析，研究表明行业规制导致价格扭曲，进而导致要素的资源错配。冯（Feng，2000）也使用超越对数函数方法对瑞典电力行业劳动、资本和化石燃料的边际成本进行了估算。

三是随机前沿方法。卡里拉扬（Kalirajan，1990）基于菲律宾农业行业企业层面的数据，利用超越对数随机前沿生产函数方法测算了企业层面的投入配置扭曲和技术扭曲。布拉沃和乌雷塔（Bravo and Ureta，1996）、赫什马蒂（Heshmati，1998）用非平衡面板数构建了对数随机生产前沿法，测算出了随时间而变化的技术扭曲程度。斯科尔卡（Skoorka，2000）建立了一个框架，估计了1970~1985年61个国家的生产可能性边界，并测量了要素和产品市场的扭曲程度，其建立模型的思路是非参数化的数据包络法和参数化的随机前沿分析方法。

四是一般均衡分析方法。柯文和派克（Kwon and Paik，1995）利用一般均衡模型对韩国的要素价格扭曲程度及其对国民福利成本的影响进行了研究。随后庄（Zhuang，1996）、费雪和瓦希克（Fisher and Waschik，2000）也利用CGE模型分别对中国和加拿大的要素价格扭曲进行了相关研究。

4. 要素价格扭曲的影响效应分析

早期主要是研究要素价格扭曲的界定及产生的原因，随后则是对其测量的研究，特别是要素价格扭曲的影响效应。贝塔斯曼和哈尔提旺格（Bartelsman and Haltiwanger，2009）研究指出要素价格扭曲不仅影响跨企业的资源误置，而且也影响每一个市场中企业的生产选择。班纳吉和本杰明（Banerjee and Benjamin，2010）研究指出由政策产生的要素价格扭曲造成了严重的资源误置，进而导致了不同国家或地区间全要素生产率的差异。琼斯（2011）研究认为要素价格扭曲产生的资源误置能够解释跨国之间的收入差异，微观水平资源误置降低了宏观水平的全要素生产率。莱斯特西亚和罗杰森（Restuccia and Rogerson，2007）研究认为异质性企业在资源误置上的差异可能是不同国家间单位资本产出差异的主原因，并指出政策造成不同生产者面临的价格不同，能够解释产出和全要素生产率降低的30%~50%。库姆巴卡尔（Kumbhakar，1992）运用SGM（Symmetric Generalized McFadden）成本函数法，以1970~1984年的美国航空产业为例进行了研究，指出政府规制造成了行业中的要素价格扭曲现象的存在，并认为这一扭曲造成劳动力和资本要素的过度投入和浪费；并进一步指出以全要素生产率（TFP）的增长率衡量的企业技术进步情况呈现缓慢递减趋势，产生这一现象的原因是要素价格扭曲使得企业更倾向于要素的不断投入，而不是技术进步的发展模式。阿特金森等（Atkinson et al.，1980）对美国电力行业进行了研究，认为要素价格扭曲的存在造成电力行业劳动和资本要素分别多投入3.5和18.8个百分点，并且所研究的123家样本企业中，除了其中一家企业外，其余企业都增加了对资本要素的投入。格兰德森（Granderson，1999）基于美国20个天然气管道公司1977~1984年的面板数据，实证分析了政府规制对技术进步的影响，研究表明，在样本期间内，规制导致企业技术进步率每年以较小的幅度降低，技术进步率的降低使生产成本平均每年上升0.85个百分点。研究进一步指出，对于20家企业来说，相当于在1977年生产成本增加225万美元，而1984年生产成本的增加额上升到538万美元。柯文和派克（Kwon and Paik，1995）采用一般均衡模型（CGE）以韩国为例进行了研究，研究认为要素市场扭曲造成了韩国福利的损失，如果与近几年数据相比，劳动力价格扭曲造成GDP损失大约1个百分点，资本价格扭曲则造成了GDP损失约3.2个百分点，福利的总损失约达5.6个百分点。

2.1.1.2 国内问题的研究

国内对要素价格扭曲的研究相对较晚，20世纪90年代才开始进行相关研究，通过梳理文献可以看出，国内问题的研究主要集中在以下几个方面。

一是分析国内产生要素价格扭曲的原因。杨格（Young，2000）研究指出，中国在经济改革过程中出现了扭曲产生扭曲的现象，即我国的经济改革很多是以新的双轨制代替旧的双轨制。加诺等（Garnaut et al.，2001）研究指出，中国官方利率水平至少比市场利率水平平均低50%~100%，而且低息贷款绝大部分流向了与政府关系密切的国有企业。汪丁丁（2005）的研究认为我国的要素价格扭曲主要是由地方政府造成的，特别是在实施分税制改革后地方政府有动机招商引资，以推动当地的经济发展。这一政策严重不利于劳动和土地等要素价格的合理化。周黎安（2007）的研究也支持了这一观点。陈斌开和林毅夫（2012）研究认为，政府发展战略是我国金融抑制和资本价格扭曲的根本原因，为了推动资本密集型产业，通过金融抑制降低资本价格，进而降低企业成本。总之，本书认为造成我国要素价格扭曲的原因，第一是我国城乡二元经济结构和户籍制度等限制了劳动力的自由流动，造成了劳动力资源配置效率的低下，而在劳动力转移过程中，劳动力工资总体水平上升缓慢，以及不同行业和企业间的工资差异，进而造成了我国总体劳动价格扭曲的不断攀升，及不同行业间、不同企业间扭曲的差异。第二是政府发展战略的干预和指导延缓了资本市场化的进程，使得国有银行以较低的利率吸收存款，然后再以较低的利率贷给国有企业或者政府支持企业。

二是对要素价格扭曲的度量。针对要素价格扭曲的度量，国内主要是借用外国的经验和方法对我国的行业、企业的等的扭曲进行衡量。我国学者多数使用生产函数方法，盛世斌和徐海（1999）使用了柯布道格拉斯生产函数方法估算了我国不同经济类型要素价格扭曲情况。史晋川和赵自芳（2007）使用超越对数生产函数方法，针对中国2001~2003年的工业企业数据，估算了劳动和资本要素价格扭曲的程度。王希（2012）利用超越对数生产函数方法，估算了改革开放以来我国的资本、劳动和能源三要素的相对和绝对要素价格扭曲程度。施炳展和冼国明（2012）基于中国1999~2007年工业企业数据，借鉴谢长泰和克雷诺（Hsieh and Klenow，2009）的做法，使用C-D生产函数方法测度了资本、劳动和整体要素价格扭曲程度。夏晓华和李进一（2012）利用包含资本、劳动和能源三要素的超越对数生产函数方法，估算了我国1980~2009年的要素价格扭曲情况，认为三要素皆存在要素扭曲。刘铭远和林民书（2013）利用超越对数生产函数法估算了我国的要素价格扭曲情况。另外，也有学者使用了随机前沿分析方法，如盛誉（2005）使用随机前沿分析方法，测度了中国要素市场跨地区和跨行业的扭曲程度。郝枫和赵慧卿（2010）基于我国31个省市1952~2005年面板数据，并采用随机前沿分析方法刻画了生产可能性边界，测度了我国要素市场扭曲程度，并分地区、分时期进行了比较分析。耿伟和巩思援（2009）利用随机前沿分析方法，基于2002~2007年的数据，测度了我国要素扭曲情况。杨帆和徐长生（2009）构建了一个包含全国36个工业部门的模型来统一测度我国的工业行业要素市场扭曲程度，并将数据按时间分成1996~2000年、2001~2005年和2006~2006年三个时间段，研究分析了我国要素市场扭曲随时间变化的趋势。

三是分析要素价格扭曲对资源配置效率的影响。谢长泰和克雷诺（Hsieh and Klenow，2009）把美国作为基准，分析了如果我国能够避免政策产生的扭曲，资源配置水平能够达到美国水平，则能够提高制造业全要素生产率30%~50%。陈永伟和胡伟民（2011）分析了价格扭曲对中国制造业的资源错配和效率损失，认为中国制造业内部的价格扭曲造成的资源错置，造成了实际产出和潜在产出之间约15%的缺口，并认为这些年价格扭曲没有得到纠正。朱喜、史清华、盖庆恩（2012）利用2003~2007年全国农村固定跟踪观察农户数据实证分析了要素市场扭曲对要素配置和农业全要素生产率的影响。罗德明、李晔、史晋川（2012）利用随机动态一般均衡模型分析了要素市场扭曲对资源配置与全要素生产率的影响。总体上看，要素价格扭曲造成我国资源配置的合理化，进而降低了资源配置效率。

四是研究要素价格扭曲的影响效应。盛仕斌和徐海（1999）分析认为资本和劳动等要素在不同所有制类型企业间的价格扭曲，不利于增加我国的就业。赵自芳和史晋川（2006）基于全国30个省市区1999~2005年的制造业数据，运用DEA方法实证分析了要素市场扭曲导致的技术效率损失。张曙光和程炼（2010）分析认为要素价格扭曲影响了我国财富分配，价格扭曲不仅降低了市场运行效率，也使财富向垄断部门、资产所有者和国外转移，不利于社会稳定和经济长远发展。张杰、周晓艳等（2011）分析了要素市场扭曲对中国企业R&D的影响，认为要素市场扭曲给企业带来了寻租机会，扭曲程度越深的地区，对R&D投入的抑制效应也就越明显；同时，也分析了要素市场扭曲对中国企业出口的影响，认为要素市场扭曲对中国本土企业的出口激励效应要大于外资企业，同时认为中国到了着力推进要素市场化以促进出口导向型策略转型的关键时期。施炳展和冼国明（2012）利用1999~2007年中国微观企业数据，分析了要素价格扭曲与中国工业企业出口行为，认为扭曲促进了中国企业出口，耿伟和巩思援（2013）研究支持了上述观点。夏晓华和李进一（2012）基于我国1980~2009年的数据进行研究，认为生产要素价格的异质性扭曲带来了产业结构的扭曲，不利于结构转型。刘名远和林民书（2013）研究指出要素价格扭曲是我国区域经济利益空间失衡的重要原因。冼国明和石庆芳（2013）基于我国2000~2009年省际数据研究认为要素市场扭曲显著促进我国投资行为，固化了我国投资拉动的经济增长模式。徐长生和刘望辉（2008）基于我国1998~2005年的升级面板数据分析了劳动市场扭曲对我国宏观经济失衡的影响，研究认为劳动市场扭曲在封闭环境下使消费低迷和投资过快增长，在开放环境中则会限制进口并促进出口，造成外部失衡。王希（2012）的研究也支持了上述观点。

2.1.2 收入分配相关文献综述

根据研究需要，我们将重点梳理居民收入分配、要素收入分配和消费需求三个方面国内有关的研究文献，仅对国外做一个简要回顾。

2.1.2.1 国外相关研究

首先是针对居民收入分配或者贫富收入差距的研究。高卢和泽拉（Galor and Zeira，1993）基于一个两部门、两时期模型，从人力资本角度研究了金融发展对收入分配的影响，研究认为在信贷市场不完美的条件下，由于道德风险和信息不对称，穷人不能根据需要获得贷款，限制了对人力资本提升的投入；而富人则可以利用自身财富和贷款更好地提升自己。因此造成了穷人和富人间的固化和隔代传递，进而造成了贫富差距的拉大，并指出金融发展有利于提高穷人借贷，缩小贫富差距。爱德华兹（Edwards，1997）用比较数据集中研究了贸易政策和收入分配之间的关系，研究并不能证明贸易开放和贸易自由化会增加发展中国家的收入不平等。谢长泰和克雷诺（Chang-Tai Hsieh and Peter J. Klenow，2009）研究指出物质资本、人力资本和全要素生产率（TFP）是影响跨国间收入差异的主要原因。克莱诺和克莱尔（Klenow and Rodríguez-Clare，1997）、霍尔和琼斯（Hall and Jones，1999）研究把单个工人收入波动的20%归因于资本产出率的变化。曼昆、罗默和威尔（Mankiw，Romer and Weil，1992）用高等学校入学率作为人力资本投资率的衡量指标，研究了1985年98个非石油国家，发现人力资本差异能够解释收入差异的50%。布兰查德（Blanchard，2004）和普雷斯科特（Prescott，2004）研究指出20世纪90年代中期G7国家的收入差异主要是由工人工作时间决定的。但是卡塞利（Caselli，2005）研究认为高收入国家工人工作时间并不比低收入国家多，跨国分析显示，劳动参与率能够轻微增加收入，而失业率则与收入之间不相关。

其次，从要素收入分配角度看，自20世纪70年代以来，西方国家要素收入分配报酬的波动，打破了卡尔多（1961）归纳的6个关于经济增长的典型事实，从而引起了越来越多的学者开始关注这一话题。斯托克（Stoker，1986）实证研究指出宏观消费函数的形式，不仅是由微观消费函数的形式决定，还取决于全社会的收入分配情况。克鲁格（Krueger，1999）和戈林（Gollin，2002）研究了劳动收入占比的测算和分解。布兰查德（Blanchard，1997）研究了劳动力市场供求波动对劳动收入占比的影响，阿奇马格鲁（Acemolglu，2003）则从要素偏向型技术进步角度进行了分析，巴尔塔吉和里奇（Baltagi and Rich，2005）研究认为技术进步偏向技能劳动力，克朗普（Klump，2007）则认为技术进步偏向资本。另外，有学者从产业结构角度（Serres et al.，2002；Morel，2006）、全球化角度（Harrison，2002；Diwan，2000）、税收角度（Lane，1998；De Mooij and Nicodème，2007；Haufleretal，2009）等因素研究了对劳动收入占比的影响。格林伍德和约夫诺维奇（Greenwood and Jovnovic，1990）、阿吉翁和博尔顿（Aghion and Bolton，1990）及汤森和上田（Townsend and Ueda，2006）等研究认为金融发展同收入分配之间遵循倒"U"型演化轨迹。

从上面两个角度的回顾可以看出：一是影响收入分配的因素是多方面的，诸如金融发展、财富初始水平、性别、人力资本等。二是TFP能够从很大程度上影响收入差异。但是我们知道要素价格扭曲影响资源配置效率和TFP，因此也可以说，要素价格扭曲同样影响收入分配。

2.1.2.2 中国收入分配问题的研究

1. 我国居民收入分配问题研究

改革开放前我国居民收入差距较小，但是伴随近年来经济发展我国居民收入差距越来越大，这种现象引发了越来越多的学者关注。黑尔（Hare，1999）研究发现农民工返乡概率与其能力相关，能力越高的农民务工人员，返回家乡的概率越小，反之越大。也就是说城镇化推进的过程中，优秀的农民留在了城市，使得农村不仅流失了智力人才，而且智力的外流也相应减少了他们带回农村的资本，这些都进一步加剧了农村与城市间的收入差距。索林格（Solinger，1999）与罗伯茨（Roberts，2000）针对我国城乡之间由于户籍限制导致劳动力流动的不自由，同国际上因国籍限制导致不能获得永久居住权许可和合法工作机会的移民进行了对比分析，研究认为我国的户籍制度限制导致了我国城市和农村居民间的福利待遇差距持续扩大。杨格（2000）研究认为地方政府保护政策是导致我国地区差距扩大的关键，因为政府保护政策不仅造成地区间的市场分割，而且因保护带来的竞争压力下降会使当地企业的资源配置状况偏离比较优势，造成资源的浪费。石（Shi，2002）研究认为中国户籍制度限制可以直接解释城乡收入差距中的28%，因此城镇化进程中，若能实施农民工市民化政策将有利于缩小城乡收入差距。实际上户籍制度不仅仅限制了城乡间的劳动力流动，更是造成了劳动力资源的错配和价格的扭曲。其实资本也是如此，我国资本市场尚未放开，金融行业主要由银行主导，这从某种程度上也造成了我国金融抑制现象。奎斯（Kuijs，2005）、阿齐兹和邓纳威（Aziz and Dunaway，2007）等研究指出，金融市场化不完善是导致中国国民收入分配结构向企业和政府倾斜、企业储蓄快速上升。赫特拉和范斋（Thomas Hertela and Fan Zhai，2006）用一个关于中国的家庭分解、递推动态一般均衡模型分析了要素市场改革对城乡收入的不平等影响，研究认为农村土地租借市场、户口制度改革和农民工流动的增加，能够降低城乡之间的收入比，进一步指出劳动市场改革和加入世界贸易组织（World Trade Organization，WTO）进程能够提高效率和公平。

由国外研究可以看出，金融抑制和户籍限制等产生的要素价格扭曲会对我国的城乡收入分配格局产生影响。事实上国内的研究也相当丰富，如蔡昉和杨涛（2000）、蔡昉等（2003）、林光彬（2004）、刘社建等（2004）等利用制度分析方法和工具研究了我国福利制度和户籍制度等城乡二元分割的制度和体制因素，在形成的劳动力市场扭曲和导致城乡收入差距中的影响机制。林毅夫和刘培林（2004）认为我国重工业优先发展的赶超战略下形成的生产要素存量配置结构，同许多省份的要素禀赋结构决定的比较优势相背离，导致大量的赶超企业缺乏生存能力，进而造成了我国各省份间的发展水平差距。阮杨、陆铭和陈钊（2002）研究指出城乡二元经济结构是影响城乡差别的关键因素，城乡二元分割的户籍制度大大制约了我国城乡之间的劳动力流动，而城镇化进程中较富裕和能力较强的农村居民转为城市居民，加剧了城乡收入差距。陆铭和陈钊（2004）研究指出我国经济开放、地区间人口户籍转换、政府对经济活动的干预和非国有化都是拉大城乡收入差距的关键，中国不断拉大的城乡收入差距同地方政府实施的具有城市导向的经济政策有关。陈斌开（2012）研究指出金融抑制造成了居民对企业的补贴。

2. 我国要素收入分配问题研究

20世纪90年代以来，我国劳动收入占比不断下滑，也引起了越来越多的学者关注这一下滑的影响因素以及这一下滑所产生的负面影响。从现有文献看，基本上都是基于上述两个方面进行研究，但是细分研究文献主要从以下三个方面。

一是针对劳动收入占比的测算研究，如白重恩和钱针杰（2009）测算了我国1978年以来的劳动收入份额，发现1978~1995年期间劳动收入份额基本保持不变，但随后开始逐渐下降。章上峰和许冰（2010）利用资金流量表测算了1978~2008年的劳动收入占比，认为1990年是转折点，随后总体呈下降趋势。吕冰洋和郭庆旺（2012）就税前和税后劳动收入份额进行了研究，发现自1983年来总体呈下降趋势。吕明光（2011）基于我国1993~2008年资金流量表数据测算了我国劳动收入占比，认为1999年是劳动收入占比的转折点，即1999年前上升，1999年下降。总体上来看，针对我国劳动收入占比的研究基本认同劳动收入占比下降这一事实，但针对具体的转折时间点有差别。另外，对要素价格扭曲测算的研究也是后续进行相关研究的基础，本书也从中得到了启发。

二是针对近年来我国劳动收入占比下降这一典型事实，不少学者结合我国的宏观经济环境或制度变革，从不同方面进行了理论和实证研究。姜磊和张媛（2008）利用我国1996~2006年的省级面板数据实证分析了对外贸易对劳动收入占比的影响，研究发现对外出口有利于改善劳动份额，对外进口则会对劳动收入占比产生抑制，但是总体对外贸易对劳动收入占比的影响为正。黄先海和徐圣（2009）研究了1990~2006年我国资本密集型和劳动密集型部门的劳动收入份额下降的影响因素，研究指出资本深化能够提高劳动收入占比，而乘数效应缩小了资本深化的拉动效应，并认为劳动节约型技术进步是造成劳动收入占比下降的主要原因。周明海和肖文等（2010a）基于1995~2007年的要素增长数据进行研究，认为人力资本增长放缓、物质资本稳定增长和原始劳动停止增长是我国总体劳动收入占比下降的主要原因。周明海和肖文（2010b）基于世界银行投资环境调查数据研究发现，以民营化、国企改革和外资进入为特征的我国所有制结构变动，通过提高经济效率和降低要素扭曲是造成劳动收入份额下降的主要原因。罗长远和张军（2009）基于1987~2004年我国省级面板数据，建立联立方程实证研究了我国劳动收入占比下降这一事实，认为当前我国经济发展水平、外商投资进入和民营化都不利于改善我国劳动收入占比。白重恩和钱震杰（2009）研究认为近年来我国劳动收入份额的下降主要源于产业结构的转型，而非单纯的资本对劳动的侵蚀。李稻葵、刘霖林和王红领（2009）研究指出，世界各国劳动份额变化同经济发展之间存在"U"型规律，而我国当前正处在"U"型轨迹左侧的下行区间。江春和曹棣全（2010）研究认为我国要素收入分配失衡是造成当前我国国际收支失衡的根源，如不解决当前的分配失衡，我国国际收支失衡问题还会恶化并长期持续。罗长远和陈琳（2012）研究认为私营企业面临的融资约束，使其通过信贷获得流动资本的能力受到限制，这使得面临约束的企业倾向降低工资或减少雇佣，进而造成了劳动报酬占比的下降。张莉和李捷瑜等（2012）从国际贸易和偏向性技术进步角度解释了发展中国家劳动收入份额的降低，认为这是发展中国家的技术进步偏向资本造成的。另外，郭庆旺和吕冰洋（2012）从税收角度、邵敏和黄玖立（2012）从全球化角度、魏下海等（2012）从人口年龄结构角度等分析对劳动收入份额下降的影响。

三是部分学者开始关注要素收入分配失衡对经济带来的负面影响。黄乾和魏下海（2010）通过省级面板数据实证研究了劳动收入占比对国内需求和总产出的影响，认为劳动收入占比上升有利于居民消费需求和经济的增长。库吉斯（Kujis，2006）研究认为劳动收入占比下降是我国近年来消费低迷的主要原因。汪同山（2007）也指出，劳动收入份额的下降不利于缓解当前存在的投资消费失衡问题。李扬和殷剑峰（2007）研究认为当前劳动报酬的降低是我国居民储蓄率自1992年以来逐步降低的主要原因之一。

3. 消费需求相关问题

20世纪90年代以来我国消费水平开始走低，持续不振对经济发展产生了不利影响，因而也引起了学者的注意。胡日东和王卓（2002）、李军（2003）等研究指出收入差距过大是造成我国整体消费水平持续下降的重要原因。李扬、殷剑锋、陈洪波（2007）研究了中国经济发展过程中的高投资、高储蓄和低消费并存的现象，认为中国人口结构变动、工业化、城市化和市场化改革是造成中国两高一低现象的原因，而且认为中国高投资、高储蓄和低消费这一失衡问题会长期存在。王小鲁和樊纲（2009）研究指出我国消费的持续下降严重不利于经济增长及结构转换。陈斌开和陆铭等（2010）基于中国微观家庭调查数据（CHIPS）研究了城乡户籍限制对消费的影响，研究认为即使农民工进入城市，其消费仍然低于原来的城市居民，但放松户籍限制可以提高2002年进城人员消费水平20.8%，同时也能够提高总体消费水平2.2%。王博（2011）利用1978~2007年省级面板数据，研究分析了对外开放政策和市场化改革对中国国民储蓄率的影响，分析认为市场化改革引致的中国宏观收入分配格局变化很好地解释了国民储蓄率的变化，政府储蓄行为的变化能够很好地解释近期国民储蓄率的上升。马国南和王一（Ma and Wang，2010）研究认为中国政府收入上升和开支下降是导致政府高储蓄的原因，政府储蓄的增加是近几年国民储蓄率上升的主要原因。宋晓东（2011）研究分析了中国投资消费结构失衡，认为中国投资消费结构的不合理不仅不利于国内的经济发展，也是导致中国国际收支不平衡的重要原因。程磊（2011）基于我国 1978~2009 年数据，实证分析了城镇和农村基尼系数及城乡收入比对消费需求的影响，发现三者都是消费需求不足的格兰杰原因。国务院发展研究中心课题组（2010）运用 CGE 模型研究指出推进农民工市民化有助于增加居民消费需求、缓解收入差距，转变经济增长方式。刘东皇和沈坤荣（2012）研究指出要素分配的优化，有利于消费需求的上升。事实上近年来我国劳动报酬占比呈下降趋势，这有可能是消费持续不振的原因。

综上，影响消费需求的因素是多方面的，但收入分配是影响消费需求的关键；消费不振也不利于我国的持续发展，以及经济结构的合理化和转型。

2.2 文献评述总结及值得拓展的研究空间

梳理上述文献，国内外关于要素价格扭曲、收入分配和消费需求的研究较为丰富，其研究角度也是各有不同。概括来说主要有三个方面：宏观经济问题的定义及产生这一问题的原因探析；宏观经济问题的衡量，准确的衡量有利于准确分析自身的演变趋势及其影响效应；宏观经济问题的影响效应，包括其他经济问题，如 TFP、资源配置和经济转型等。从现有研究成果看，要素价格扭曲、收入分配失衡和消费需求不足不利于经济的可持续发展和经济的转型。

虽然目前没有直接研究要素价格扭曲、收入分配和消费需求之间关系的文献，但是针对要素价格扭曲、收入分配及消费需求的各方面研究，对本书的研究提供了有益的参考和启示。结合我国的宏观经济现实及存在的问题，具体可拓展的研究如下：

一是针对我国省级要素价格扭曲的度量，这方面文献仍然欠缺。研究度量各省市要素价格扭曲可以更好地分析和理解我国对内渐进式改革的进程，特别是有利于细化理解要素市场化进程；更好地分析各区域间的要素市场化的差异；以及研究我国要素价格扭曲的演变趋势。从而进一步为党的十九届五中全会提出的"要素市场化配置改革取得重大进展"，完善资源配置方式提供详细的支持。

二是深层次研究要素价格扭曲与收入分配之间的关系。这为破解我国长期存在的居民收入分配失衡和要素收入分配失衡问题提供了理论和政策支持。我们知道，收入分配主要就是在要素之间的分配，研究要素扭曲与要素分配之间的关系，有利于从本质上理解它，同时也能够为党的十九届五中全会提出的"分配结构明显改善"目标提供翔实的理论支持和政策建议。

三是进一步探讨消费需求长期不振的原因。消费需求的合理化有利于我国经济增长的可持续和经济结构的转型，针对我国消费的研究主要停留在国家层面，而且缺少系统的分析。如果能够从要素价格扭曲与收入分配的角度进行分析，将是很有益的。

四是总体上看目前的研究多集中在中观层面，特别是在实证分析上。因此未来如果能够结合微观企业或家庭的调查数据进行系统的实证分析也是很有意义的。

2.3 本章小结

通过对国内外相关文献进行归类和梳理分析可以发现，目前鲜有从要素价格扭曲角度系统地分析我国的收入分配问题及消费需求问题。根据现有的研究我们也可以发现二者之间并不是割裂的，例如很多学者研究了要素价格扭曲对资源配置效率及全要素生产率的影响效应；但是也有不少学者研究 TFP 对收入分配和消费需求的影响；同时，也有学者研究收入分配对消费需求的影响。从中可以看出几个经济问题之间既层层递进，又相互联系，因此系统翔实地对它们之间的关系进行分析不仅能够充实相关问题的研究，而且能够为我国破解收入分配失衡和消费需求低迷及转变经济增长方式提供新的思路和政策含义，本书期望能够在这些方面有所贡献。

第3章 理论构架和作用机制分析

3.1 经典理论模型的分析

谢长泰和克雷诺（Hsieh and Klenow, 2009）描绘了一个拥有异质性企业的垄断竞争模型，分析了因资本和劳动扭曲产生的资源错配对总生产率的影响，并在理论模型的基础上对中国、印度与美国的情况进行了对比，分析认为如果中国和印度能够降低劳动和资本扭曲，减少资源错配，则能够在很大程度上提高全要素生产率。

3.1.1 理论模型的基本假定

（1）按照梅里兹（Melitz, 2003）的设定，模型也假定企业在效率水平上存在差异，及企业间具有异质性。

（2）假定企业具有不同的产出和资本扭曲情况。

（3）假定在完全竞争的最终产品市场上，具有代表性的企业仅生产单一的最终产品 Y，在这里厂商 S 的产出 Y_S 用柯布—道格拉斯生产技术函数：

$$Y = \prod_{S=1}^{S} Y_S^{\theta_S}, \text{ where } \sum_{S=1}^{S} \theta_S = 1 \tag{3.1}$$

成本最小化表示为：

$$P_S Y_S = \theta_S P Y \tag{3.2}$$

其中，P_S 是行业产出 Y_S 的价格，并且 $P = \prod_{S=1}^{S} \left(\frac{P_S}{\theta_S}\right)^{\theta_S}$ 表示最终产品的价格（最终产品是我们的计价物，因此 $P=1$）。行业产出 Y_S 是 CES 形式，是 M_S 有差别的产品的总和：

$$Y_S = \left(\sum_{i=1}^{M_S} Y_{si}^{\frac{\sigma-1}{\sigma}}\right)^{\frac{\sigma-1}{\sigma}} \tag{3.3}$$

其中,每一个有差别的产品的生产函数都是给定的柯布—道格拉斯形式,并由全要素生产率、资本和劳动组成:

$$Y_{si} = A_{si} K_{si}^{\alpha_s} L_{si}^{1-\alpha_s} \tag{3.4}$$

其中,资本和劳动份额在行业是可以有差异的,但是在同一行业内的不同企业间是不准许有差异的。

3.1.2 理论模型的推导

由于是两要素生产函数,在这里资本和劳动扭曲来源于一种要素对另一种要素的边际产出的改变,因此我们定义资本与劳动的边际产出的增加,产生的产出的扭曲定义为τ_Y。比如τ_Y越高的企业,也将面对更高的规模和交通运输成本约束;而较低的τ_Y的企业能从公共产出补贴中获益。把资本相对劳动的边际产出的提高定义为资本扭曲τ_K。

综上,代表性行业的利润是:

$$\pi_{si} = (1 - \tau Y_{si}) P_{si} Y_{si} - \omega L_{si} - (1 + \tau K_{si}) R K_{si} \tag{3.5}$$

其中,我们假定所有的企业面临相同的劳动工资。利润最大化服从标准条件是企业的产出品价格为边际成本的固定加成,即:

$$\text{Subject to:} \quad P_{si} = \frac{\sigma}{\sigma - 1} \left(\frac{R}{\alpha_s}\right)^{\alpha_s} \left(\frac{\omega}{1 - \alpha_s}\right)^{1-\alpha_s} \frac{(1 + \tau K_{si})^{\alpha_s}}{A_{si}(1 - \tau Y_{si})} \tag{3.6}$$

资本—劳动比率,劳动配置和产出容易给出:

$$\frac{K_{si}}{L_{si}} = \frac{\alpha_s}{1 - \alpha_s} \frac{\omega}{R} \frac{1}{(1 + \tau K_{si})} \tag{3.7}$$

$$L_{si} = \frac{A_{si}^{\sigma-1}(1 - \tau Y_{si})^{\sigma}}{(1 + \tau K_{si})^{\alpha_s(\sigma-1)}} \tag{3.8}$$

$$Y_{si} = \frac{A_{si}^{\sigma}(1 - \tau Y_{si})^{\sigma}}{(1 + \tau K_{si})^{\alpha_s \sigma}} \tag{3.9}$$

在这里,企业的资源配置情况不仅依赖于自身的全要素生产率(TFP)水平,而且依赖于他们面临的资本和产出扭曲水平。某种程度上资源配置是由扭曲推动的,而不是由企业TFP,这也将导致资本和劳动的边际产品收益在不同企业间是有差异的。每个工人的劳动边际产品收益为:

$$MRPL_{si} \triangleq (1 - \alpha_s) \frac{\sigma - 1}{\sigma} \frac{P_{si} Y_{si}}{L_{si}} = \omega \frac{1}{1 - \tau Y_{si}} \tag{3.10}$$

与资本收益率成比例的资本边际产品收益为:

$$MRPK_{si} \triangleq \alpha_s \frac{\sigma - 1}{\sigma} \frac{P_{si} Y_{si}}{K_{si}} = R \frac{1 + \tau K_{si}}{1 - \tau Y_{si}} \tag{3.11}$$

直观地，资本和劳动的税后边际产品收益在不同企业间是相同的。税前边际收益率越高的面临更多的困难和挫折，而边际产品收益率较低的企业能从补贴中获益。

在这里我们准备导出总的 TFP 作为资本和劳动误置的函数。首先解不同行业资源配置的均衡得：

$$L_S = \sum_{i=1}^{M_S} L_{si} = L \frac{(1-\alpha_s)\theta_S/\overline{MRPL_s}}{\sum_{S'=1}^{S}(1-\alpha_{S'})\theta_{S'}/\overline{MRPL_{s'}}} \quad (3.12)$$

$$K_S = \sum_{i=1}^{M_S} K_{si} = K \frac{\alpha_s\theta_S/\overline{MRPK_s}}{\sum_{S'=1}^{S}\alpha_{s'}\theta_{S'}/\overline{MRPK_{s'}}} \quad (3.13)$$

其中，

$$\overline{MRPL_s} \propto \left(\sum_{i=1}^{M_S} \frac{1}{1-\tau Y_{si}} \frac{P_{si}Y_{si}}{P_s Y_s} \right)$$

$$\overline{MRPK_s} \propto \left(\sum_{i=1}^{M_S} \frac{1+\tau K_{si}}{1-\tau Y_{si}} \frac{P_{si}Y_{si}}{P_s Y_s} \right)$$

劳动和资本的平均边际产品价值在同一部门内是加权的，并且劳动和资本的总供给表示为 $L = \sum_{S=1}^{S} L_S$，$K = \sum_{S=1}^{S} K_S$。我们把 L_S、K_S 与行业 TFP 作为总产出的函数，即

$$Y = \prod_{S=1}^{S}(TFP_S K_S^{\alpha_s} L_S^{1-\alpha_s})^{\theta_S} \quad (3.14)$$

因此，为了决定行业生产率 TFP_S 的公式，企业特定的扭曲能通过企业受益生产率测定是很有用的。福斯特和西弗森（Foster and Syverson，2008）强调物质生产率（TFPQ）和收益生产率（TFPR）之间的区别，在这里用企业特定的平减因子导出 TFPQ，用行业平减因子导出 TFPR。

物质生产率和收益生产率之间的区别对我们是非常重要的。在这里我们把目标定义为：

$$TFPQ_{si} \triangleq A_{si} = \frac{Y_{si}}{K_{si}^{\alpha_s}(\omega L_{si})^{1-\alpha_s}}$$

$$TFPR_{si} \triangleq P_{si}A_{si} = \frac{P_{si}Y_{si}}{K_{si}^{\alpha_s}(\omega L_{si})^{1-\alpha_s}}$$

在模型中，除了工厂面临资本或者产出扭曲以外，同一行业内不同工厂间的 TFPR 是不变的。如果没有扭曲，TFPQ 越高的工厂应该配置越多的劳动和资本，

更高的 $TFPQ$ 也会达到更高的产出,进而导致一个较低的价格以及同更小的工厂相同的 $TFPR$。从式(3.10)和式(3.11)可以看出工厂的 $TFPR$ 同工厂资本和劳动的边际产出收益的几何平均是成比例的,即:

$$TFPR_{si} = \frac{\sigma}{\sigma-1} \left(\frac{MRPK_{si}}{\alpha_s}\right)^{\alpha_s} \left(\frac{MRPL_{si}}{\omega(1-\alpha_s)}\right)^{1-\alpha_s} = \left(\frac{R}{\alpha_s}\right)^{\alpha_s} \left(\frac{1}{1-\alpha_s}\right)^{1-\alpha_s} \frac{(1+\tau K_{si})^{\alpha_s}}{1-\tau Y_{si}} \quad (3.15)$$

从式(3.15)也可看出 $TFPR_{si}$ 同 $(MRPK_{si})^{\alpha_s}(MRPL_{si})^{1-\alpha_s}$ 是成正比的,进而后者同 $\frac{(1+\tau K_{si})^{\alpha_s}}{1-\tau Y_{si}}$ 是成正比的,用公式可表示为:

$$TFPR_{si} \propto (MRPK_{si})^{\alpha_s}(MRPL_{si})^{1-\alpha_s} \propto \frac{(1+\tau K_{si})^{\alpha_s}}{1-\tau Y_{si}}$$

工厂 $TFPR_{si}$ 越高意味着正面临提高资本和劳动边际产出的障碍,而且提高工厂资本和劳动的边际产出也会使得工厂小于其最优规模。根据式(3.15)的 $TFPR$,我们可以把行业的 TFP 表示为:

$$TFP_S = \left[\sum_{i=1}^{M_S} \left(A_{si} \times \frac{\overline{TFPR_s}}{TFPR_{si}}\right)^{\sigma-1}\right]^{\frac{1}{\sigma-1}} \quad (3.16)$$

其中,$\overline{TFPR_s}$ 是部门内资本和劳动的平均边际产出的几何平均,具体可写为:

$$\overline{TFPR_s} = \left[\frac{R}{\alpha_s} \sum_{i=1}^{M_S} \left(\frac{1+\tau K_{si}}{1-\tau Y_{si}}\right) \times \left(\frac{P_{si}Y_{si}}{P_s Y_s}\right)\right]^{\alpha_s} \left[\frac{1}{1-\alpha_s} \sum_{i=1}^{M_S} \left(\frac{1}{1-\tau Y_{si}}\right)\left(\frac{P_{si}Y_{si}}{P_s Y_s}\right)\right]^{1-\alpha_s}$$

$$(3.17)$$

如果边际产品在跨工厂间是相等的,那么 TFP 将是 $\overline{A_s} = \left(\sum_{i=1}^{M_S} A_{si}^{\sigma-1}\right)^{\frac{1}{\sigma-1}}$。因此当 $A (\equiv TFPQ)$ 时,我们对式(3.16)两边取对数能得到总的全要素生产率 TFP 的一个简单紧凑的表达形式,即:

$$\log TFP_S = \frac{1}{\sigma-1} \log\left(\sum_{i=1}^{M_S} A_{si}^{\sigma-1}\right) - \frac{\sigma}{2} var(\log TFPR_{si}) \quad (3.18)$$

综合前面的推导过程,从式(3.6)~式(3.9)可以推导出每个企业资本扭曲、产出扭曲以及生产率的形式,具体如下:

$$1 + \tau K_{si} = \frac{\alpha_s}{1-\alpha_s} \frac{\omega L_{si}}{R K_{si}} \quad (3.19)$$

$$1 - \tau Y_{si} = \frac{\sigma}{\sigma-1} \frac{\omega L_{si}}{(1-\alpha_s) P_{si} Y_{si}} \quad (3.20)$$

$$A_{si} = k_s \frac{(P_{si} Y_{si})^{\frac{\sigma}{\sigma-1}}}{K_{si}^{\alpha_s} L_{si}^{1-\alpha_s}} \quad (3.21)$$

由式（3.18）可看出，扭曲对总的全要素生产率具有负影响，这一影响可以通过 log（TFPR）来概述。很明显当边际产出的离散程度越大时，资源误置的程度也会越糟糕。另外，联合式（3.17）和式（3.18）可以看出，资本扭曲和总产出扭曲对全要素生产率 TFP 具有负向影响。对产出的资源误置会增加资本的平均份额，反过来会降低劳动的平均份额，即资源分配会影响要素收入分配。

3.1.3 谢长泰和克雷诺模型的结论与评述

发达国家和发展中国家之间的差异，特别是表现在人均收入差距和劳均产出上的巨大差距，很多学者把这归因于全要素生产率的差异（Hall and Jones，1999；Klenow，1997；Caselli，2005）。那么又是什么引起了生产率的差异呢？谢长泰和克雷诺利用了一个标准垄断竞争模型，分析资源误置对全要素生产率的影响，并利用模型分别测算了中国和印度总制造业生产率的误置情况，在这里作者把美国制造业资源配置情况作为一个基准，然后把中国和印度的资源配置情况同美国进行对比，认为如果中国和印度的资源配置效率能够达到美国的水平，中国的全要素生产率能够提高30%~50%，印度的生产率能够提高40%~60%。针对中国的情况，政策和国有企业是造成资源错配的主要原因，也是引起全要素生产率相对较低的关键。

谢长泰和克雷诺（2009）利用垄断竞争模型，对中国的资源误置和要素生产率进行了较好的理论分析，并对资本扭曲和产出扭曲给出了具体的计算方式，具有开创性，并分析了资源误置怎样对生产率产生影响、怎样降低了全要素生产率。近年来国内不少关于要素价格扭曲的分析都借鉴了该文献的相关研究和衡量方式，如周黎安和赵鹰妍等（2013）、冼国明与施炳展（2012）、鄢萍（2012）等从不同方面进行了借鉴。

谢长泰和克雷诺从资源误置的角度对全要素生产率降低进行了解释，那么仅仅是因为资源误置造成的吗，还是因为政策或国有企业的影响？诚然，以上都是原因，但谢长泰和克雷诺（2009）并没有对是什么导致了资源误置这一问题给出一个很好的解答。不过该文对我们研究要素价格扭曲有一个很好的启示和思路，特别是在要素价格扭曲的衡量上，给本书的分析提供了借鉴。另外，无论是全要素生产率的提高，还是通过政策扭曲或资源误置扩大投资发展，其根本目标都是快速合理地发展经济，提高人民的实际收入水平，减小收入差距。因此，本书将借鉴这个模型分析要素价格扭曲对收入方面的影响。

3.2 理论模型构建、假说与影响路径识别分析

3.2.1 要素价格扭曲与收入分配失衡的模型构建与命题分析

3.2.1.1 模型的基本假设

假设3.1：结合前述分析，假定经济生产中存在两个生产部门，即农村生产部门和城市生产部门，生产投入只需要劳动和资本，且两个部门分别拥有资本存量 K_1 和 K_2，就业劳动力人数 L_1 和 L_2。

假设3.2：由于我国长期存在二元经济结构和特定的宏观经济环境，农村部门内劳动力资源充足而资本欠缺，而且农村多是以私营经济和个体经济为主，在资本极端稀缺的情况下资本配置效率得到提高，因此本书假定农村部门内资本不存在扭曲；相反，城市部门内资本相对充足而劳动力短缺，这也符合我国近年来的情况，城镇化推进，农村人口流向城市，提高了资本和劳动的资源配置效率，城市部门内劳动工资、福利、保险等保障比较全面，扭曲程度相对农村较小，可以说我国劳动价格扭曲很大程度上是因为就业人口多，没有得到合理的配置，因此假定城市部门劳动不存在价格扭曲。

假设3.3：假定在完全竞争的最终产品市场上，城市部门和农村部门分别生产单一的最终产品 Y_i，本书将两个部门设定为规模报酬不变的生产函数，具体如下：

城市部门生产函数为：$Y_1 = F(K_1, L_1) = A_1 K_1^{\alpha} L_1^{1-\alpha}$ （3.22）

农村部门生产函数为：$Y_2 = F(K_2, L_2) = A_2 K_2^{\beta} L_2^{1-\beta}$ （3.23）

其中，Y、K、L 分别代表相关部门的产出、资本投入、劳动投入，$0 < \alpha < 1$，$0 < \beta < 1$。

假设3.4：在此我们假定城市和农村两部门按产出最优化进行生产，则资本和劳动均按其边际产出进行支付。但是根据杨格（Young，2000）、鄢萍（2012）、施炳展和冼国明（2012）等研究，中国存在严重的资本价格和劳动价格扭曲。因此，理性的生产厂商会结合资本和劳动的扭曲情况，来进行资本和劳动配置以达到生产的最优化，从而获取利润最大化。在此我们用 $distK$ 和 $distL$ 表示资本和劳动的扭曲形式，总的扭曲用 $dist = distK^{\gamma} \cdot distL^{1-\gamma}$，所以城市部门和农村部门的成本约束条件为：

城市部门服从约束条件为：st. $C_1 = distK_1 r_1 K_1 + distL_1 w_1 L_1$
农村部门服从约束条件为：st. $C_2 = distK_2 r_2 K_2 + distL_2 w_2 L_2$
城市部门和农村部门最优化产出决定形式分别为：

$$\pi_1 = Y_1 - C_1 = A_1 K_1^\alpha L_1^{1-\alpha} - (distK_1 r_1 K_1 + distL_1 w_1 L_1) \qquad (3.24)$$

$$\pi_2 = Y_2 - C_2 = A_2 K_2^\beta L_2^{1-\beta} - (distK_2 r_2 K_2 + distL_2 w_2 L_2) \qquad (3.25)$$

针对式（3.24）分别对 K_1 和 L_1 解城市部门最优化产出可得出：

$$\frac{\partial \pi_1}{\partial K_1} = A_1 \alpha K_1^{\alpha-1} L_1^{1-\alpha} - distK_1 r_1 = MPK_1 - distK_1 r_1 = 0 \qquad (3.26)$$

$$\frac{\partial \pi_1}{\partial L_1} = A_1 (1-\alpha) K_1^\alpha L_1^{-\alpha} - distL_1 w_1 = MPL_1 - distL_1 w_1 = 0 \qquad (3.27)$$

针对式（3.25）分别对 K_2 和 L_2 解农村部门最优化产出可得出：

$$\frac{\partial \pi_2}{\partial K_2} = A_2 \beta K_2^{\beta-1} L_2^{1-\beta} - distK_2 r_2 = MPK_2 - distK_2 r_2 = 0 \qquad (3.28)$$

$$\frac{\partial \pi_2}{\partial L_2} = A_2 (1-\beta) K_2^\beta L_2^{-\beta} - distL_2 w_2 = MPL_2 - distL_2 w_2 = 0 \qquad (3.29)$$

其中，MPK、MPL 分别是资本和劳动的边际产出，w 和 r 分别是劳动和资本的价格，$distL \times w$ 表示劳动应该达到的工资水平，$distK \times r$ 表示资本应该达到的价格水平。通过式（3.26）~式（3.29）我们可以解出两部门中资本和劳动的扭曲表示形式：

$$distK_1 = \frac{MPK_1}{r_1}; \quad distL_1 = \frac{MPL_1}{w_1} \qquad (3.30)$$

$$distK_2 = \frac{MPK_2}{r_2}; \quad distL_2 = \frac{MPL_2}{w_2} \qquad (3.31)$$

在这里我们假定城市部门和农村部门的劳动工资差别，能够代表城乡收入差距，因此结合式（3.30）和式（3.31）可以导出两部门收入差距（用 $cxcj$ 表示），即：

$$cxcj = \frac{w_1}{w_2} = \frac{MPL_1/distL_1}{MPL_2/distL_2} = \frac{MPL_1}{MPL_2} \frac{distL_2}{distL_1} = \frac{A_1(1-\alpha)K_1^\alpha L_1^{-\alpha}}{A_2(1-\beta)K_2^\beta L_2^{-\beta}} \frac{distL_2}{distL_1} = \frac{A_1(1-\alpha)k_1^\alpha}{A_2(1-\beta)k_2^\beta} \frac{distL_2}{distL_1}$$
$$(3.32)$$

结合前文推导过程，可以导出：

$$\frac{MPL_1}{MPL_2} = \frac{A_1(1-\alpha)K_1^\alpha L_1^{-\alpha}}{A_2(1-\beta)K_2^\beta L_2^{-\beta}} = \frac{A_1(1-\alpha)K_1^\alpha L_1^{-\alpha}}{A_2(1-\beta)K_2^\beta L_2^{-\beta}} \cdot \frac{MPK_1}{MPK_2} \cdot \frac{MPK_2}{MPK_1}$$

$$= \frac{A_1(1-\alpha)K_1^\alpha L_1^{-\alpha}}{A_2(1-\beta)K_2^\beta L_2^{1-\beta}} \cdot \frac{MPK_1}{MPK_2} \cdot \frac{A_2\beta K_2^{\beta-1} L_2^{1-\beta}}{A_1\alpha K_1^{\alpha-1} L_1^{1-\alpha}}$$

$$= \frac{(1-\alpha)\beta}{(1-\beta)\alpha} \cdot \frac{K_1}{L_1} \cdot \frac{L_2}{K_2} \cdot \frac{MPK_1}{MPK_2}$$

$$= \frac{(1-\alpha)\beta}{(1-\beta)\alpha} \cdot \frac{K_1}{L_1} \cdot \frac{L_2}{K_2} \cdot \frac{r_1 \cdot distK_1}{r_2 \cdot distK_2} \tag{3.33}$$

结合式（3.32）和式（3.33）可得：

$$cxcj = \frac{w_1}{w_2} = \frac{MPL_1}{MPL_2} \frac{distL_2}{distL_1} = \frac{(1-\alpha)\beta}{(1-\beta)\alpha} \cdot \frac{K_1}{L_1} \cdot \frac{L_2}{K_2} \cdot \frac{r_1 \cdot distK_1}{r_2 \cdot distK_2} \cdot \frac{distL_2}{distL_1} \tag{3.34}$$

3.2.1.2 要素价格扭曲对城乡收入差距的影响

首先，我们考察资本价格扭曲和劳动价格扭曲对城乡收入差距的影响，利用式（3.34）求导可得：

$$\frac{\partial cxcj}{\partial distK_1} = \frac{(1-\alpha)\beta}{(1-\beta)\alpha} \cdot \frac{K_1}{L_1} \cdot \frac{L_2}{K_2} \cdot \frac{r_1}{r_2 \cdot distK_2} \cdot \frac{distL_2}{distL_1} > 0$$

$$\frac{\partial cxcj}{\partial distL_2} = \frac{(1-\alpha)\beta}{(1-\beta)\alpha} \cdot \frac{K_1}{L_1} \cdot \frac{L_2}{K_2} \cdot \frac{r_1 \cdot distK_1}{r_2 \cdot distK_2} \cdot \frac{1}{distL_1} > 0$$

$$\frac{\partial cxcj}{\partial distK_2} = \frac{(1-\alpha)\beta}{(1-\beta)\alpha} \cdot \frac{K_1}{L_1} \cdot \frac{L_2}{K_2} \cdot \frac{-r_1 \cdot distK_1}{r_2 \cdot (distK_2)^2} \cdot \frac{distL_2}{distL_1} < 0$$

$$\frac{\partial cxcj}{\partial distL_1} = \frac{(1-\alpha)\beta}{(1-\beta)\alpha} \cdot \frac{K_1}{L_1} \cdot \frac{L_2}{K_2} \cdot \frac{r_1 \cdot distK_1}{r_2 \cdot distK_2} \cdot \frac{-distL_2}{(distL_1)^2} < 0$$

可以看出，城市部门资本扭曲和农村部门劳动扭曲加剧了我国城乡收入差距。而城市部门的劳动扭曲和农村部门的资本扭曲则对城乡收入差距具有抑制效应。这是符合我国经济事实的，城市资本充裕而劳动相对短缺，农村的情况则截然相反。如果根据我们的假设3.2中的情况，则我国城乡收入差距完全受城市资本扭曲和劳动扭曲的影响。我们知道总的要素价格扭曲 $dist = distK^{\gamma} \cdot distL^{1-\gamma}$ 主要由资本扭曲和劳动扭曲组成，而资本扭曲又主要受城市部门资本扭曲的影响，毕竟在我国城市部门固定资产投资占了绝大多数；而劳动扭曲主要受农村部门和城市部门联合劳动扭曲影响，我们知道我国农村劳动力充裕，可以大量地流入城市，也抑制了城市劳动工资的增加，进而加剧劳动价格扭曲。另外我们也知道，近几年来我国东部地区也经常出现"民工荒"等劳动力短缺现象，这也从侧面反映了我国劳动力"无限供给"有可能出现了拐点，而且近几年我国沿海地区民工工资也在快速增加，因此我国劳动价格扭曲的情况有可能得到一定缓解，但反映在总体上仍然存在扭曲。

综上分析，我们得出以下命题：

命题3.1：总的要素价格扭曲加剧了我国城乡收入差距。

命题3.2：由于我国资本主要集中在城市部门，总的资本价格扭曲不利于缩小我国城乡收入差距。

命题3.3：劳动价格扭曲对城乡收入差距也会产生影响，但是由于近年来我国不断推进城镇化，农村劳动人口大量流向城市（而且近年来有可能出现了"拐点"），这既会增加整体的劳动工资水平，同时也影响了城乡之间的劳动力对比，因此我们无法确定城乡联合劳动扭曲对城乡收入差距的影响，两者之间既有可能是线性关系中的正向或负向关系，也有可能是非线性关系。

另外从式（3.32）我们可很直观地看出，城镇部门资本的产出弹性 α 对我国城乡收入差距具有负向影响，而农村部门的资本产出弹性 β 对我国城乡收入差距有正向影响。如果 A 代表了除劳动和资本投入以外影响产出的其他因子，或者称其为全要素生产率，我们从式（3.32）可看出城镇部门 A_1 的提高会加剧城乡收入差距，而农村部门 A_2 的提高会减少城乡收入差距。因此总的 A 的提高又会对城乡收入差距具有什么影响呢？而从式（3.34）可以看出，两部门中人均资本存量对城乡收入差距也具有显著影响，在我国，城市人均资本存量是远高于农村部门的，而且近年来具有扩大的趋势，因此我们预测在现阶段总体人力资本存量的提高会加剧城乡收入差距。由此我们得出以下命题：

命题3.4：为了更好地刻画 A 对城乡收入差距的影响，我们将引入相关控制变量来具体分析，如经济发展、开放水平、外商投资水平等。但是鉴于我国城镇化的推动进程，特别是2000年以来城镇化速度的加快，我们在此不对控制变量的具体影响方向进行分析。

3.2.2 对要素分配失衡影响的模型构建和假说

3.2.2.1 模型的构建

假设3.5：社会中仅有一个生产部门，生产部门即向社会提供产品，同时也从社会中雇佣劳动和资本，并付出劳动报酬 w 和资本报酬 r。

假设3.6：在要素市场上由于政策、路径依赖等限制或造成了资本和劳动的完全自由流动，即资本和劳动存在扭曲，分别用 $distK$ 和 $distL$ 表示，此时厂商雇佣资本和劳动量分别为 K 和 L。

假设3.7：在最终产品市场上是完全竞争的，生产部门生产产出为 Y，同时我们假定产出品的价格为1。

由此我们借鉴索洛-斯旺经济增长模型，构建一个柯布道格拉斯形式的经济增长函数，如下：

第3章 理论构架和作用机制分析

$$Y = F(K, L) = AK^{\alpha}L^{\beta}, \text{ 其中 } 0 < \alpha, 0 < \beta$$

因此厂商的最优产出决定形式为:

$$\pi = Y - (wL - rK) = AK^{\alpha}L^{\beta} - (wL - rK) \tag{3.35}$$

我们知道如果生产部门有无数多个,相互间是完全竞争的,政府不制定相关的政策或法规干预要素市场等,那么厂商最优化产出的条件就是:

$$\frac{\partial \pi}{\partial K} = A\alpha K^{\alpha-1}L^{\beta} - r = MPK - r = 0 \tag{3.36}$$

$$\frac{\partial \pi}{\partial L} = A\beta K^{\alpha}L^{\beta-1} - w = MPL - w = 0 \tag{3.37}$$

此时,$\frac{MPK}{r} = 1$,$\frac{MPL}{w} = 1$,符合边际成本等于边际产出的原则,厂商也达到了产出的最优化。然而我们知道我国存在一定的资源误置,而产生资源误置的原因就是存在种种壁垒,使得资本和劳动的价格远低于相对应的边际产出,从而造成资本和劳动的价格扭曲,因此在这种情况下厂商最优产出的条件被放宽了,使生产不再有约束条件了,直到扭曲消失才会恢复到上述情况。而此时资本和劳动的价格扭曲可以表示为:

$$distK = \frac{MPK}{r} = \frac{A\alpha K^{\alpha-1}L^{\beta}}{r}, \quad distL = \frac{MPL}{w} = \frac{A\beta K^{\alpha}L^{\beta-1}}{w}$$

$$dist = distK^{\frac{\alpha}{\alpha+\beta}} distL^{\frac{\beta}{\alpha+\beta}} \tag{3.38}$$

在这里我们主要分析劳动和资本之间的分配失衡问题,因此使用劳动报酬占劳动和资本总报酬的比例来衡量分配失衡。结合我国近年来的宏观经济现实,我们知道,劳动报酬占劳动和资本总报酬的比例近年来呈降低趋势,要素分配失衡问题引起了越来越多的学者进行研究分析。联合式(3.36)、式(3.37)、式(3.38)我们可以得出劳动报酬占总报酬的比例 $ldbc$ 为:

$$ldbc = \frac{L \cdot w}{L \cdot w + K \cdot r} = \frac{L \cdot MPL/distL}{L \cdot MPL/distL + K \cdot MPK/distK} = \frac{1}{1 + \frac{distL}{distK} \cdot \frac{MPK}{MPL} \cdot \frac{K}{L}} \tag{3.39}$$

又因为:$\frac{MPK}{MPL} \cdot \frac{K}{L} = \frac{A\alpha K^{\alpha-1}L^{\beta}}{A\beta K^{\alpha}L^{\beta-1}} \cdot \frac{K}{L} = \frac{\alpha}{\beta}$,所以将该式代入式(3.39)可得:

$$ldbc = \frac{1}{1 + \frac{distL}{distK} \cdot \frac{MPK}{MPL} \cdot \frac{K}{L}} = \frac{1}{1 + \frac{\alpha}{\beta} \cdot \frac{distL}{distK}} \tag{3.40}$$

3.2.2.2 要素价格扭曲对要素收入分配失衡的影响

首先我们来分析要素价格扭曲对要素收入分配失衡的影响。由于在这里我们定义要素仅包含劳动和资本，要素分配失衡主要是衡量两者之间的分配失衡问题，这一方面比较直观、易懂，也有利于进行模型分析，如近年来张莉、李捷瑜和徐现祥（2012）与郝枫（2013）等不少学者在研究要素收入分配时，都使用了劳动收入占劳动和资本总收入的比例进行衡量。$ldbc$ 越大表明要素分配过程中是偏向劳动要素的，反之则是偏向资本要素的。下面我将结合式（3.40），分析要素价格扭曲对劳动收入份额 $ldbc$ 的影响，分别对资本和劳动扭曲取导数得：

$$\frac{\partial ldbc}{\partial distK} = \frac{-\frac{\alpha}{\beta} \cdot \frac{-distL}{(distK)^2}}{\left(1+\frac{\alpha}{\beta} \cdot \frac{distL}{distK}\right)^2} = \frac{\frac{\alpha}{\beta} \cdot \frac{distL}{(distK)^2}}{\left(1+\frac{\alpha}{\beta} \cdot \frac{distL}{distK}\right)^2} > 0 \qquad (3.41)$$

$$\frac{\partial ldbc}{\partial distL} = \frac{-\frac{\alpha}{\beta} \cdot \frac{1}{distK}}{\left(1+\frac{\alpha}{\beta} \cdot \frac{distL}{distK}\right)^2} < 0 \qquad (3.42)$$

从式（3.41）和式（3.42）我们可以看出，资本价格扭曲对要素收入分配失衡具有正向影响，也就是说资本价格扭曲的增加会减小要素收入分配失衡，能够增加劳动收入份额；而劳动价格扭曲与资本价格扭曲相反，当劳动价格扭曲变大时会加剧要素收入分配失衡，降低劳动收入份额。因此很难用模型确切地给出总的要素价格扭曲 $dist = distK^{\frac{\alpha}{\alpha+\beta}} distL^{\frac{\beta}{\alpha+\beta}}$ 对要素收入分配失衡的影响，不过我们可以预测，当资本价格扭曲起主导作用时，总的要素价格扭曲会降低要素收入分配失衡，反之则会加剧要素分配失衡。由此我们得出以下命题：

命题3.5：资本价格扭曲有利于劳动报酬份额的上升，并缓解我国要素收入分配失衡；劳动价格扭曲则会加剧我国要素收入分配的失衡；而我们对总的要素价格扭曲与要素收入分配失衡之间的关系则不确定，不过根据预测应该是非线性的。

另外，我们从式（3.39）和式（3.40）也可以看出资本和劳动的边际产出、人均资本存量等都会对要素分配失衡产生影响。资本和劳动的产出弹性也会对要素收入分配产生影响，其中资本的产出弹性 α 的提高会降低劳动收入份额，加剧收入分配失衡，而劳动的产出弹性 β 的提高有利于增加劳动收入份额，缓解分配失衡。因此，为了更好地分析要素价格扭曲对要素收入分配失衡的影响，我们将引入相关控制变量，以期对要素收入分配失衡有一个更全面的分析。

3.2.3 要素价格扭曲对内需不足影响的路径识别分析

针对影响消费问题的研究数不胜数，如宋朝著名的政治学家司马光提出的

"由俭入奢易，由奢入俭难"就是典型的"棘轮效应"；还有攀比效应、心理效应、行为效应等皆有对应的分析。而针对收入对消费的影响，主要有凯恩斯在其《就业、利息和货币通论》中提出的绝对收入假说、莫迪利安尼和布伦伯格的生命周期假说理论、弗里德曼的持久收入假说理论、理性预期假说理论等。虽然经济学家从不同角度分析了消费问题，但基本上都有一个共同的观点，就是收入对消费起到了主要的影响，一个人的收入越高，其相应的消费也会越高，而且二者之间呈近似线性关系。因此在这里借鉴凯恩斯（1936）指出的总消费是总收入的函数：

$$C_t = F(Y) = a + bY_t$$

其中 C 表示消费额，a 表示基本消费，b 表示边际消费倾向。

我们知道，一个人的收入主要来源于个人的工资收入和资本收益两项，那么对整个社会的总收入就是个人收入的加总，即：$Y = Lw + rk$，此时消费函数可以写为：

$$C_t = F(L \cdot w + K \cdot r) = a + b(L \cdot w + K \cdot r) \tag{3.43}$$

而现实社会中却广泛存在劳动和资本价格扭曲，劳动和资本的收益远远小于他们的产出，特别是始于1978年的我国对外开放和对内渐进式改革更是凸显了劳动和资本价格扭曲这一问题。因此在这里，我们借用本章3.2.2节中的生产模型以及劳动和资本的决定方式，将式（3.38）中的 $w = \dfrac{MPL}{distL}$、$r = \dfrac{MPK}{distK}$ 代入本节的式（3.43）可得：

$$C_t = F(Y) = F(L \cdot w + K \cdot r) = F\left(L \cdot \frac{MPL}{distL} + K \cdot \frac{MPK}{distK}\right) \tag{3.44}$$

利用式（3.44）我们分别对劳动价格扭曲和资本价格扭曲求导数得：

$$\frac{\partial C}{\partial distL} = F'(Y) \cdot \frac{\dfrac{-L \cdot MPL}{(distL)^2}}{\left(L \cdot \dfrac{MPL}{distL} + K \cdot \dfrac{MPK}{distK}\right)^2} < 0 \tag{3.45}$$

$$\frac{\partial C}{\partial distK} = F'(Y) \cdot \frac{\dfrac{-K \cdot MPK}{(distK)^2}}{\left(L \cdot \dfrac{MPL}{distL} + K \cdot \dfrac{MPK}{distK}\right)^2} < 0 \tag{3.46}$$

从式（3.45）和式（3.46）可以直观地看出，劳动价格扭曲和资本价格扭曲的上升都会对消费总量有一定的抑制效应。在这里我们认为由于劳动扭曲和资本扭曲本身会抑制收入的提高，收入又是消费额上升的关键，因此造成了扭曲对消费的抑制效应。国内针对内需不足一般会用消费水平或内需水平或消费率（李扬、殷剑锋和陈洪波，2007）来衡量，因此为了更好地衡量分析我国的消费不足现状，更透彻地研究要素价格扭曲对消费不足的影响，本章通过借鉴在这里用 $bzxf$ 表示，其数学表达形式如下：

$$bzxf = \frac{C}{Y} = \frac{F(Y)}{Y} = \frac{F(L \cdot w + K \cdot r)}{L \cdot w + K \cdot r} = \frac{F\left(L \cdot \frac{MPL}{distL} + K \cdot \frac{MPK}{distK}\right)}{L \cdot \frac{MPL}{distL} + K \cdot \frac{MPK}{distK}} \quad (3.47)$$

式（3.47）中 C 表示消费，Y 代表总的收入，用两者之间的比值来衡量我国的消费水平，当 $bzxf$ 提高时，表示消费水平上升，提振内需；反之说明我国内需下降，内需不足。据李扬、殷剑锋等（2007）指出我国消费率近 20 多年来呈下降趋势，且始终未变，并有恶化趋势。在这里利用式（3.47），分别对资本扭曲和劳动扭曲求导数，以便于刻画价格扭曲对内需水平的影响，即：

$$\frac{\partial bzxf}{\partial distL} = \frac{F'(Y) \cdot \frac{-L \cdot MPL}{(distL)^2}}{\left(L \cdot \frac{MPL}{distL} + K \cdot \frac{MPK}{distK}\right)^2} \cdot \left(L \cdot \frac{MPL}{distL} + K \cdot \frac{MPK}{distK}\right) - \frac{-L \cdot MPL}{(distL)^2} \cdot F(Y)}{\left(L \cdot \frac{MPL}{distL} + K \cdot \frac{MPK}{distK}\right)^2}$$

$$= \frac{L \cdot MPL}{(Y \cdot distL)^2}\left[F(Y) - \frac{F'(Y)}{Y}\right] \quad (3.48)$$

$$\frac{\partial bzxf}{\partial distK} = \frac{F'(Y) \cdot \frac{-K \cdot MPK}{(distK)^2}}{\left(L \cdot \frac{MPL}{distL} + K \cdot \frac{MPK}{distK}\right)^2} \cdot \left(L \cdot \frac{MPL}{distL} + K \cdot \frac{MPK}{distK}\right) - \frac{-K \cdot MPK}{(distK)^2} \cdot F(Y)}{\left(L \cdot \frac{MPL}{distL} + K \cdot \frac{MPK}{distK}\right)^2}$$

$$= \frac{K \cdot MPK}{(Y \cdot distK)^2}\left[F(Y) - \frac{F'(Y)}{Y}\right] \quad (3.49)$$

从式（3.48）和式（3.49）可看出，两式的符号并不能立即给出判断，其符号是由 $\left[F(Y) - \frac{F'(Y)}{Y}\right]$ 决定的，在这里收入 Y 又受资本价格扭曲、劳动价格扭曲、资本和劳动数量以及它们的边际产出的影响。因此我们预测要素价格扭曲与消费水平之间可能存在非线性关系，当要素价格扭曲在某一程度使得式（3.48）和式（3.49）为零时，就是要素价格扭曲对消费水平影响的拐点。

综上分析，我们得出以下命题：

命题3.6：要素价格扭曲程度的上升会从总体上降低总的消费额，但是要素价格扭曲对整体消费水平的影响却是不定的，还受到整体经济发展水平的影响。

3.3 本章小结

本章首先分析了要素价格扭曲、资源错配相关的经典理论模型，然后结合我国的实际情况，通过构建理论模型，分析了要素价格扭曲对我国当前存在的收入分配失衡、内需不足问题进行了分析，并提出了假说，为我们后续的经验和实证研究提供理论支持。

首先，我们分析了谢长泰和克雷诺（2009）这个最具代表性的模型，厘清了要素价格扭曲在我国存在的原因及对经济发展的不利影响；同时有助于我们理解要素价格扭曲对经济发展的作用机理，以及进一步的分析扩展。谢长泰和克雷诺（2009）利用该模型也进行了定量和实证分析，度量了我国存在的因政策产生的要素价格扭曲对资源造成的错配，进而分析了这一现象对我国全要素生产率的影响，认为如果我国的资源配置情况能够达到美国的相应配置水平，则有利于提高我国的全要素生产率水平。我们知道一个国家的经济发展和人们的生活水平很大程度上受制于一国的整体技术水平，因此一国如果通过扭曲要素价格，补贴到有利于技术提升和经济发展的基础设施上，那么要素价格扭曲在当期会对消费产生快速的抑制效应，而在滞后多期则有可能会促进收入的上升和消费水平的提高。也即是说要素价格扭曲产生的资源错配对一国经济的影响并不止步于全要素生产率，实际上其影响是多方面的，包括投资、收入分配和财富的代际更迭等。

其次，本章的研究并没有止步于此。我们在3.2节结合我国当前的经济社会结构进行合理的假设，并构建相应的模型分析了要素价格扭曲（包括资本扭曲和劳动扭曲）对我国当前存在的收入分配失衡及消费需求不足的问题，认为要素价格扭曲加剧了我国的收入分配失衡问题，不利于缓解当前存在的消费需求不足。就我国的现状来看，从微观个体看，国家通过扭曲资本和劳动价格来补贴企业，这不仅降低了劳动者的工资收入，而且降低了他们的资本收入（我国资本市场的垄断和非市场化，使得个人的资本多数投入银行系统，仅有较少的利息收益），从而不利于我国消费水平的提高；从中观企业来看，我国是政府和国有企业主导的经济发展模式，因此当要素市场存在扭曲时就产生了一个资源的配置问题，资源使用效率较低的国有企业比私营企业更有利于获得廉价的资本和国家的政策支持，而我国的就业人口却大多数集中在民营企业里面，因此就造成了资源在不同劳动者和企业分布的不均，从而不利于民营企业劳动力工资水平的上升，多数劳动者的收入水平滞后与整体经济发展必然造成整体消费水平和劳动报酬份额的下降，也加剧了收入分配的不公平；从宏观层面看，我国特有的城乡二元经济结构并没有打破，城乡和区域间户籍制度改革缓慢，广大的农民工进入城市工作之后，并不能享受到工作所在城市的保险、医疗等服务（这些在农村又是极端欠缺的），造成多数人即使收入有了较大的提高，也不敢进行当期消费。另外，城乡之间的固定资产投资差距严重，农村人均资本严重低于城市，这也造成了城乡之间的严重的收入差距问题。总之，本章仅仅是一个理论的分析，这与我国的经济现实是否符合，还有待后续的经验研究。因此本书在本章模型分析的基础上，将利用我国省际宏观经济数据对我国要素价格扭曲与收入分配失衡和消费不足问题的关系进行实证研究。

第4章 要素价格扭曲的度量与分析

4.1 引　　言

我们知道始于1978年的经济改革，关键的两点就是对内推行渐进式改革和对外扩大开放。这也正如杨格（2000）指出的，中国渐进式改革策略取得了巨大成功，但同时也由于其路径依赖性而留下了诸多弊端。要素扭曲就是其中一个重要例子，20世纪80年代价格"双轨制"逐步取消，产品市场上的扭曲逐步消失，然而我国要素市场上的扭曲至今仍然存在，如劳动价格、资本价格、土地价格等。目前关于要素价格扭曲对宏观经济的影响研究是多方面的，前面已经进行了相关综述分析，但是我们也发现针对要素价格扭曲的衡量却没有形成一个较为统一的度量方式。

国外对要素价格扭曲的衡量方式研究较早，也是多方面的。巴格瓦蒂和拉马斯瓦米（Bhagwati and Ramaswami，1969）研究认为在不完善的市场经济环境中，生产要素资源在经济发展过程中没有得到最优化的配置，从而造成要素市场价格对机会成本的偏离，即要素价格扭曲。查乔里亚德斯（Chacholiades，1978）研究也认同上述对要素价格扭曲的定义。目前国内外的学者基本认同了上述对要素价格扭曲的定义和划分方式，将扭曲定义为：一是要素价格扭曲的绝对扭曲，即要素资源的价格同其产出间的偏离（Lau and Yotopoulos，1971；Atkionson and Halvorsen，1980）；二是要素市场的相对扭曲，即不同部门间的要素支付成本和边际产出的不相等。一般根据要素价格扭曲的定义不同采用不同的衡量方式。约翰和戴维德（John and David，1975）利用了超越对数生产函数方法估算了资本、劳动和自然资源的边际产出。雷德（Rader，1976）利用生产函数方法对美国与印度农业生产中存在的要素价格扭曲程度进行了衡量。阿特金森和哈沃森（Atkinson and Halvorsen，1984）构建了一个利用影子价格测算要素价格扭曲的一般框架，他们认为实际价格对影子价格的偏离大小就是要素价格扭曲程度的大小。柯文和派克（Kwon and Paik，1995）利用一般均衡模型对韩国的要素价格扭曲程度及其对国民福利成本的影响进行了研究。随后庄（Zhuang，1996）、费雪和瓦希克（Fisher and Waschik，2000）也利用 CGE 模型分别对中国和加拿大的要素价格扭曲进行了相关研究。帕克（Parker，1995）在生产函数方法基础上，使用成本函数方法实证研究了美国规制行业中存在的要素价格扭曲情况。布拉沃和乌雷塔（Bravo and Ureta，1996）、赫什马蒂（Heshmati，1998）用非平衡面板数构建了对数随机生产前沿法，测算出了随时间而变化的技术扭曲程度。阿特金森和康威尔（Atkinson and Cornwell，1998）利用了基于成本函数和利润函数的影子价格测算方法，针对美国航空业中的三种生产要素（劳动、资本和能源）进行了分析，研究表明行业规制导致价格扭曲，进而导致要素的资源错配。冯（Feng，2000）也是用了超越对数函数方法对瑞典电力行业劳动、资本和化石燃料的边际成本进行了估算。斯科尔卡（Skoorka，2000）建立了一个框架估计了 1970～1985 年 61 个国家的生产可能性边界，并测量了要素和产品市场的扭曲程度，该文建立模型的思路是利用非参数化的数据包络法和参数化的随机前沿分析方法。艾伦（Allen，2001）使用阿罗维特等（Arrowet，1961）推导的替代弹性生产函数方法估算了苏联资本和劳动的替代弹性，通过替代弹性的大小来判断苏联要素市场化的扭曲程度，他们认为要素替代弹性越大，说明要素市场化发育程度越好，要素价格扭曲程度越低，反之扭曲程度越高。格塔乔和西奇克斯（Getachew and Sichkles，2007）利用了基于成本函数的影子价格估算方法，对埃及的要素价格扭曲程度进行了估算。卡里拉扬（Kalirajan，1990）基于菲律宾农业行业企业层面的数据，并利用超越对数随机前沿生产函数方法测算了企业层面的投入配置扭曲和技术扭曲。谢长泰和克雷诺（2009）利用了生产函数回归方法，分析了中国和印度的资本和产出的相对扭曲程度及产生的资源错配对全要素生产率的影响。上述文献是国外针对要素价格扭曲衡量方面的主要研究和使用。

通过综述国外的研究我们发现针对要素价格扭曲的衡量可以归纳为以下几种方法：一是普遍使用的生产技术方法，该方法是测量出生产要素的边际产出，然后和其相对的要素价格对比来衡量要素价格扭曲程度，并且由此衍生出替代弹性生产函数方法和超越对数生产函数方法，该方法方便简单，数据易得。二是使用非参数化的数据包络法和参数化随机前沿分析法，其基本思路是测度最优要素生产可能性曲线与实际要素生产可能性曲线之间的差距。前沿技术方法的优点是能够把要素扭曲分解呈配置效率扭曲和技术扭曲两种,而且能够测算出要素价格扭曲的整体程度。三是把要素价格扭曲纳入一般均衡框架内进行分析,但是由于该方法前提假设要求严格,而且需要庞大的数据和繁杂的计算,实用性和方便性不高。四是影子价格方法,该方法把实际价格对影子价格的偏离大小看作要素价格扭曲程度的大小。

国内针对要素价格扭曲的衡量主要是根据相应分析的需要,借助上述四种估算方法进行衡量分析。不过我国多数学者使用生产函数方法进行了要素价格扭曲测度,如盛世斌和徐海(1999)、史晋川和赵自芳(2007)、施炳展和冼国明(2012)、刘铭远和林民书(2013)等均使用了类似方法对要素价格扭曲进行了测度研究。

另外也有学者使用了随机前沿分析方法,如盛誉(2005)、耿伟和巩思援(2009)、杨帆和徐长生(2009)、郝枫和赵慧卿(2010)对该方法进行了相关研究和测度尝试,并对我国要素价格扭曲或行业扭曲进行了测度比较研究。

不过我们也发现,有些学者根据我国特有的情况和相关数据提出了新的要素价格扭曲,张杰、周晓艳和李勇(2011)使用了樊纲、王小鲁等编写的《中国要素市场化发育程度指数2011》中的数据,把要素市场化发育程度指数对总体市场化发育程度或产品市场化发育程度指数的落后,作为对要素市场扭曲程度的度量,然后利用该扭曲指数分析了要素市场扭曲对中国研发投资的影响,取得了较好的结果。随后冼国明和石庆芳(2013)、毛启琳(2013)等都借鉴了该种衡量要素市场扭曲的方式,然后进行了相应的实证分析。这种方式简单方便,能够较好地衡量各市场之间发育程度的差距,有利于进行比较分析,但是该数据时间跨度较小,而且也仅是宏观的衡量,不利于微观方面的分析。

综述国内的相关文献我们可以看到,由于国内数据可得性等问题,多数学者使用生产函数方法测度了要素价格扭曲。由于本书分析的是省际宏观经济数据,因此也将借鉴谢长泰和克雷诺(2009)、施炳展和冼国明(2012)的做法,使用生产函数方法估计我国各省的要素价格扭曲程度。本章接下来的结构安排如下:4.2节为要素价格扭曲模型的设定及相关变量和数据的说明;4.3节为要素价格扭曲的衡量和分析;4.4节为本章小结。

4.2 理论模型的设定和变量数据说明

4.2.1 理论模型的设定

为了更好地度量我国各省区要素价格扭曲情况,本章将借鉴盛世斌等(1999)及谢长泰和克雷诺(2009)、施炳展和冼国明(2012)的做法,即近年来比较常用的一种方法——生产函数分析方法。该方法的基本思路是:首先估计出相应的生产函数;其次根据生产函数求出生产要素的边际产出;最后用求出的边际产出同要素报酬作比值,如果比值大于1,则说明要素价格存在正向扭曲,反之则存在负向扭曲。在这里我们使用两要素(资本和劳动)的柯布-道格拉斯生产函数,形式如下:

$$Y = AK^{\alpha}L^{\beta} \tag{4.1}$$

利用式(4.1)我们可以给出资本和劳动的边际产出形式:

$$MP_K = A\alpha K^{\alpha-1}L^{\beta} = \frac{\alpha Y}{K}; \quad MP_L = A\beta K^{\alpha}L^{\beta-1} = \frac{\beta Y}{L} \tag{4.2}$$

在这里我们假定资本和劳动的报酬分别用 w 和 r 表示,因此利用式(4.2)我们可以求出相对应的要素价格扭曲形式,资本价格扭曲用 $distK$ 表示,劳动价格扭曲用 $distL$ 表示,总的要素价格扭曲用 $dist$ 表示,具体形式如下:

$$distL = \frac{MP_L}{w}; \quad distK = \frac{MP_K}{r}; \quad dist = (distL)^{\frac{\beta}{\alpha+\beta}}(distK)^{\frac{\alpha}{\alpha+\beta}} \tag{4.3}$$

上述结果的求出,实际上是建立在我们对参数估计的前提下,在这里我们根据式(4.1),利用式(4.4)进行相应的参数估计:

$$\ln Y = \ln A + \alpha \ln K + \beta \ln L + \varepsilon \tag{4.4}$$

其中式(4.1)~式(4.4)中,Y 表示各省产出;K 代表资本投入;L 代表劳动力投入;ε 表示回归残差项。

4.2.2 数据的说明及处理方式

基于数据的可得性与一致性,在时间序列选择方面,本章以1990~2012年为样本区间;在截面数据选择上,由于西藏部分数据缺失,未纳入样本范围,澳门地区、台湾地区和香港地区也不在样本内,重庆和四川数据合并在一起,因此样本共涵盖中国29个省(直辖市、自治区)。另外本书数据如非特别说明，数据均来自各省份历年《统计年鉴》《中国统计年鉴》《新中国六十年统计资料汇编》。

（1）产出，用 lnY 表示。本章首先选取各省份国内生产总值，并 1990 年为基期，用统计年鉴中给出的可比国内生产总值指数进行调整，然后对调整后的国内生产总值取对数。

（2）资本投入，用 lnK 表示。由于统计年鉴并没有给出各省份资本存量数据，仅提供每年的固定资本形成额和全社会固定资产投资数据。因此根据多数学者的做法，首先借用张军、吴桂英等（2004）给出的各省份物质资本存量的数据，即 2000 年对 1952 年固定资产投资价格平减指数；其次结合各省份 1990 年以来的固定资产投资价格指数，计算出各省份 1990 年对 1952 年的固定资产投资价格平减指数，同时把张军（2004）给出的以 1952 年为基期的 1990 年的各省份的物资资本存量数据调成以 1990 年为基期的资本存量；再次，我们结合张军（2004）的做法，将固定资本形成额作为每年的新的资本投入，并根据固定资产投资价格指数调节成以 1990 年为基期的数据；最后，我们利用戈德斯密斯（1950）提出的永续盘存法测量出我国各省份以 1990 年为基期的固定资本存量数据，具体估算方法如下：

$$K_{it} = I_{it} + (1 - d_{it})K_{i,t-1} \qquad (4.5)$$

其中 K_{it} 表示 i 省第 t 期的固定资本存量，I_{it} 表示 i 省第 t 期的新增的固定资本投入额度，$K_{i,t-1}$ 表示 i 省第 $t-1$ 期的固定资本存量，d_{it} 表示 i 省第 t 期的固定资本折旧。在这里针对各省市的资本折旧情况，我们仍然使用张军、吴桂英和张吉鹏（2004）使用的折旧率，即各省份各年度的资本折旧率都是 9.6%。最后对求出的以 1990 年为基期的各省份物资固定资本存量取对数。

（3）劳动投入，用 lnL 表示。本章选取各省市年度就业人数作为劳动投入量，并对其取对数。

（4）资本价格，用 r 表示。针对资本价格并没有直接的数据，其度量方法有多种形式，如李治国与唐国兴（2002）年估算了我国 1978～2002 年的资金租金成本率和资金使用成本率，但是未估计各省的数据；盛仕斌（1999）使用了各企业类型面临的贷款利率水平；谢长泰和克雷诺（2009）直接将利率定义为 0.1，而现实中金融机构针对不同的企业其相应的利率水平有差异，因此也不标准；王希（2012）直接使用了人民银行给出 6 个月到 1 年的企业贷款利率的加权平均值。由于本章分析的是省际面板数据，很难找到一个合适的资本价格衡量方式，因此借鉴张军、陈诗一和张熙（2010）的做法，用比较粗糙的方式来进行衡量，即用各省份收入法计算国内生产总值中的固定资产折旧值,并用固定资产投资价格指数调整为 1990 年为基期的数值,再与对应年的实际固定资本存量作比值,即用固定资产折旧率来衡量资本价格。本章对要素价格扭曲的衡量仅是相对数值,虽然粗糙,但比使用利率等好。

(5) 劳动价格,用 w 表示。针对劳动价格衡量方式,一是使用各省份在岗职工的平均工资,但是我们认为,这种方式实际上提高了我国的工资水平,因为更多的未在岗就业人员或者小企业就业人员工资水平根本达不到;二是使用收入法计算国内生产总值中的劳动者报酬与就业人员总数的比值作为平均劳动价格。本章使用第二种方法,以便于更好地反映各省份的劳动成本。在处理方式上,以 1990 年为基期用各省份 CPI 价格指数进行平减。

本章主要变量的时间跨度都是 1990~2012 年。变量的描述性统计分析见表 4-1。

表 4-1　　　　　　　　　变量的描述性统计分析

变量	样本值	均值	标准差	最小值	最大值
$\ln Y$	667	7.388291	1.16295	4.171923	10.14998
$\ln K$	667	7.913877	1.181312	4.917465	10.67305
$\ln L$	667	7.459429	0.862631	5.352664	8.787876

4.3 要素价格扭曲的衡量与分析

4.3.1 要素价格扭曲的估计

本章的计量模型是典型的面板数据,我们知道基本面板数据回归方式有以下三种:混合(pooled model)估计、固定效应(fixed effects model)估计和随机效应(random effect model)估计,具体采用哪种面板模型一般需要进行检验才能得到有效的参数估计和模型设定。因此为了更优地衡量要素价格扭曲,本章将利用三种回归方式回归,然后分析判定使用哪种方式更优,分析软件使用 Stata 11.0,具体回归结果见表 4-2。

表 4 – 2　　　　　　　　　　参数的估计结果

模型序号	模型 1	模型 2	模型 3
模型形式	Pool	Fe	Re
$\ln K$	0.77336 *** (159.00)	0.76261 *** (112.87)	0.77336 *** (159.00)
$\ln L$	0.37795 *** (14.63)	0.47233 *** (8.89)	0.37795 *** (14.63)
_cons	-1.551347 *** (-8.97)	-2.17026 *** (-6.14)	-1.551347 *** (-8.97)
F 检验		58.68 *** (0.0000)	
Hausman 检验			16.23 *** (0.0010)
观测值	667	667	667
省个数	29	29	29

注：(1) Pool 代表面板普通最小二乘估计，Fe 代表固定效应模型，Re 代表随机效应模型；(2) *** 表示在 1% 水平上显著，** 表示在 5% 水平上显著，* 表示在 10% 水平上显著。

从表 4-2 的估计结果可以看出，面板设定的 F 检验中，F 检验的 p 值为 0.000，故强烈拒绝原假设，表明使用固定效应模型比混合效应模型更合适；利用 Hausman 检验，发现在 1% 的水平上拒绝原假设，因此在固定效应模型和随机效应模型中，我们选择固定效应模型。综合 F 检验和 Hausman 检验的结果，我们选择固定效应模型，即表 4-2 中的模型 2 作为我们的基准模型。从模型 2 中我们可以看出资本和劳动对产出的影响都为正，且都在 1% 水平上显著。另外，可以看出劳动和资本的贡献弹性系数之和为 1.14，基本接近于规模报酬不变。利用我们估计的模型参数，可以计算出各省份历年的资本和劳动的边际产出，然后我们使用 Stata 11.0 把计算出的各省份边际产出，以及分东部、中部和西部地区的生产要素平均边际产出分别按时间画出，见图 4-1 和图 4-2。

整体上看，一是我国生产要素中的资本的边际产出自 20 世纪 90 年代以来呈缓慢下降趋势，而劳动的边际产出则有较快速的增加，特别是在 2000 年后劳动要素的边际产出更是快速上升。二是我国不同省份间也存在较明显的差异，从图 4-2 中可以看出省份中的 1、2 和 9（分别是北京、天津和上海）劳动要素的边际产出在 90 年代初期就已经超过了资本要素的边际产出，其他多数省份基本都在

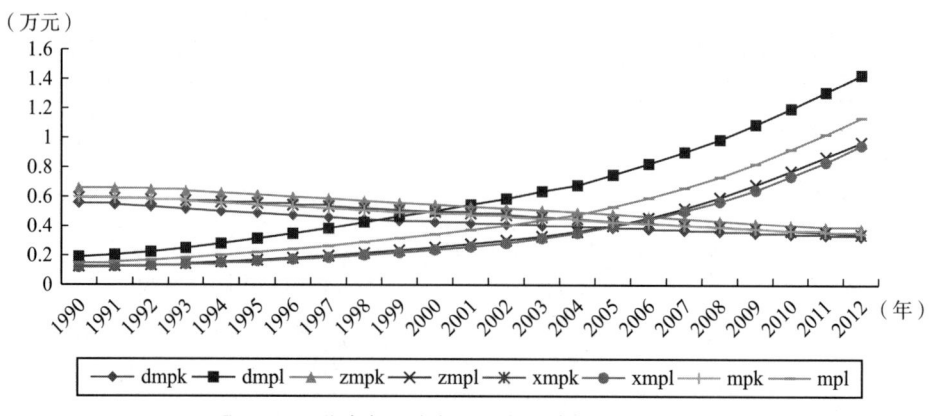

图 4-1 分东部、中部和西部要素边际产出情况

注：mpk、dmpk、zmpk、xmpk 分别表示全国、东部、中部和西部地区的资本边际产出；mpl、dmpl、zmpl、xmpl 分别表示全国、东部、中部和西部地区的劳动边际产出。

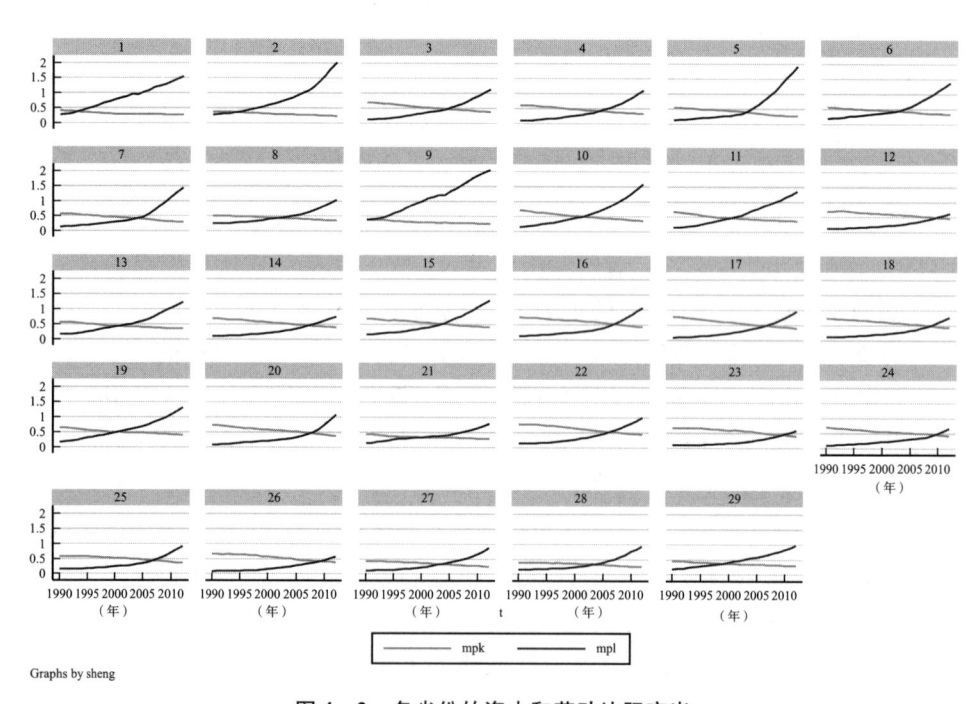

图 4-2 各省份的资本和劳动边际产出

注：MPK 表示资本边际产出，MPL 表示劳动边际产出，在图中以纵坐标表示，单位为万元；横坐标表示年份，在每一列图的最下面给出了年份刻度。

2000年以后劳动的边际产出才开始超过资本要素的边际产出，但是我们也看出省份中的23、24和26（分别是贵州、云南和甘肃）三个省份的劳动要素的边际产出直到2010年前后才开始超过资本要素的边际产出。三是从图4-2可以看出一旦劳动要素的边际产出超过资本要素的边际产出，劳动要素的边际产出就会进入一个快速增加期。

分地区来看，一是在20世纪90年代初期，东部、中部和西部三地区间的劳动要素的边际产出相差不大，但是随时间推移，东部地区劳动要素的边际产出快速增加，中西部地区间则增长缓慢，同东部地区的差距越来越大，但是在劳动要素方面中部和西部两地区间基本无差别。二是可以看出在研究的时间段内，三个地区的资本要素的边际产出相差不大，在20世纪90年代中期东部和中西部地区间的差距有轻微扩大，但随后便逐渐进入差距的缩小时期。三是从三个地区生产要素中的资本和劳动的边际产出对比可以看出，东部地区资本和劳动要素的边际产出在1999年前后相等，随后劳动要素的边际产出进入快速增加期，而中部和西部地区资本和劳动要素的边际产出都基本在2005年前后才相等，随后中西部地区劳动要素的边际产出也进入快速增加期。

我们认为出现上述情况的原因有：一是进入20世纪90年代以来我国对外开放进一步扩大，特别是在1994年开始推行的分税制改革，使得地方政府努力招商引资并扩大投资，增加当地税收和经济发展，这也从某种程度上增加了人均资本的存量，降低了资本的利用效率。二是我国由于从1971年实行计划生育，每年新增加的劳动力是逐年降低的，再加上我国人均受教育年限的上升，提高了我国的人力资本水平，特别是1998年以来的大学扩招，更是大幅度地提高了我国的人力资本水平。三是我国各地区间的经济发展程度本身就有差别，而我国改革开放后奉行"投资拉动和出口"的经济增长方式，更是有利于东部地区的经济发展，2001年我国成功加入WTO更是把这一模式推向了高峰，使得东部地区的劳动边际产出快速增加，其相应的工资水平也有了较大幅度提高，这样也有利于吸引中西部地区的劳动力迁移。

4.3.2 要素价格扭曲的分析

我们利用上一小节求出的资本和劳动的边际产出结合式（4.3），我们可以求出我国各省份历年资本和劳动要素的扭曲程度，进一步可以求出总的要素价格扭曲程度。下面我们给出了各省份1990~2012年总的要素价格扭曲程度，见表4-3。

表4-3　我国各省份要素价格扭曲情况

年份	北京	天津	河北	山西	内蒙古	辽宁	吉林	黑龙江	上海	江苏	浙江	安徽	福建	江西	山东
1990	6.712	6.534	7.603	5.310	5.811	5.598	5.632	7.507	7.897	7.326	7.573	8.500	7.722	8.724	7.243
1991	6.229	6.909	6.831	4.845	6.011	5.704	5.783	7.872	6.855	7.632	7.473	9.672	7.350	8.214	7.590
1992	6.696	7.211	7.934	4.657	6.637	6.010	6.342	7.172	6.448	7.430	7.455	9.763	7.099	7.597	8.550
1993	7.223	8.245	8.560	7.135	7.061	7.189	7.173	9.278	7.950	9.520	8.783	9.077	7.256	9.097	8.248
1994	7.890	7.547	7.785	7.485	6.999	7.820	6.521	7.940	7.222	9.097	8.100	9.515	6.998	8.132	7.496
1995	7.748	6.603	7.981	7.178	6.986	7.661	6.861	6.629	6.743	8.087	8.602	8.870	6.129	8.055	8.018
1996	7.737	5.907	7.570	6.857	6.887	6.495	5.911	6.017	7.617	8.056	9.016	8.623	6.137	8.054	7.640
1997	7.544	5.968	7.177	6.806	6.787	6.020	5.304	6.108	7.699	5.739	8.330	8.287	5.913	6.976	6.925
1998	7.155	5.845	7.312	6.689	5.947	5.491	5.112	6.376	7.069	7.715	8.348	8.373	5.934	6.793	6.704
1999	6.698	5.989	7.217	6.933	5.977	5.268	5.359	6.353	6.405	7.737	8.073	8.412	5.940	6.210	7.001
2000	6.142	5.645	7.284	7.033	6.081	5.329	4.654	6.881	6.297	7.674	7.163	8.720	5.997	5.721	6.857
2001	5.672	5.415	7.152	7.063	5.928	5.354	4.762	6.023	5.926	7.568	7.144	8.748	5.835	5.410	6.644
2002	5.330	5.207	7.088	6.722	5.972	5.456	4.907	5.868	5.848	7.576	7.254	9.105	5.632	5.322	6.423
2003	5.243	5.056	6.922	6.408	5.893	5.056	4.850	5.740	5.705	7.609	7.182	9.256	5.484	5.622	6.121
2004	5.310	5.393	7.872	6.320	7.465	5.646	5.478	5.769	5.518	7.888	7.164	9.123	6.454	5.656	9.234
2005	5.116	5.474	7.709	6.328	6.354	5.639	5.397	6.576	5.112	6.626	6.991	8.615	5.977	8.381	7.707
2006	5.000	5.547	7.338	6.649	5.997	5.951	5.539	6.623	4.930	6.952	6.942	8.876	6.337	8.558	7.933
2007	5.038	5.413	7.409	6.821	6.144	6.188	6.049	6.595	4.964	7.456	7.058	8.762	6.942	8.708	8.037
2008	4.860	6.133	7.620	7.216	6.146	6.422	6.656	7.703	5.105	7.442	7.265	7.932	6.589	7.037	7.836

第 4 章　要素价格扭曲的度量与分析

续表

年份	北京	天津	河北	山西	内蒙古	辽宁	吉林	黑龙江	上海	江苏	浙江	安徽	福建	江西	山东
2009	4.774	5.828	7.904	7.135	7.137	6.321	7.081	7.466	5.162	7.158	7.670	8.186	6.881	6.891	7.874
2010	4.760	6.046	8.042	7.749	7.285	6.340	7.222	7.935	5.433	7.273	7.752	9.070	7.280	8.052	8.456
2011	4.850	6.210	7.711	6.847	7.923	6.761	7.078	8.423	5.810	7.175	7.585	8.490	7.660	7.409	8.495
2012	5.030	6.784	8.185	7.365	8.699	6.576	7.333	8.646	5.727	7.191	7.283	8.718	7.675	7.053	8.672
均值	6.033	6.126	7.574	6.676	6.614	6.100	5.957	7.065	6.237	7.645	7.661	8.813	6.575	7.290	7.639

年份	河南	湖北	湖南	广东	广西	海南	四川	贵州	云南	陕西	甘肃	青海	宁夏	新疆
1990	8.566	5.425	10.450	6.175	7.523	7.896	12.329	10.415	8.432	9.592	8.713	6.327	7.748	7.783
1991	8.574	5.153	10.151	5.972	7.177	8.125	11.385	10.755	8.243	9.897	9.035	8.969	8.144	8.014
1992	8.443	5.457	9.927	5.879	7.429	7.596	10.011	10.901	8.867	9.825	8.403	6.488	8.364	7.593
1993	8.659	7.882	9.957	5.692	9.502	6.118	11.220	11.716	9.911	9.639	9.213	7.588	8.878	7.853
1994	7.905	8.093	9.154	5.384	9.667	7.075	10.220	11.536	9.560	8.637	9.030	6.986	8.196	8.244
1995	8.082	6.837	8.051	4.974	8.502	7.476	9.642	10.328	9.642	9.579	8.893	6.263	7.428	6.964
1996	7.340	6.488	7.178	4.997	8.896	7.619	9.839	10.181	7.879	8.793	7.641	6.888	7.281	6.662
1997	7.681	5.713	6.845	5.020	8.513	7.610	11.154	9.981	8.396	8.955	7.746	6.641	6.939	6.613
1998	8.158	5.555	7.730	4.850	8.526	7.146	10.162	10.013	9.461	9.071	7.697	6.873	6.800	6.451
1999	8.678	5.659	7.798	4.774	8.857	6.699	10.325	9.571	8.367	8.150	7.592	6.968	6.888	6.628
2000	8.865	6.193	6.814	4.752	9.061	6.369	10.037	9.635	9.052	7.930	5.860	5.936	6.855	6.412
2001	8.757	6.820	7.164	4.869	8.617	6.012	10.401	9.667	8.727	7.638	6.707	6.866	6.661	6.071
2002	8.815	7.249	7.125	4.836	8.194	5.612	10.984	9.849	8.502	7.608	6.951	7.350	6.638	6.075

续表

年份	河南	湖北	湖南	广东	广西	海南	四川	贵州	云南	陕西	甘肃	青海	宁夏	新疆
2003	9.028	7.093	7.203	4.954	8.250	5.531	10.828	10.732	8.639	7.795	6.125	7.338	6.639	6.249
2004	9.607	8.374	8.412	5.182	8.655	5.351	10.486	10.710	9.064	7.584	5.917	7.065	6.605	6.284
2005	8.916	7.294	8.120	4.906	7.823	5.438	9.215	9.999	9.028	7.329	7.145	6.676	6.063	7.184
2006	9.700	7.951	8.150	4.816	8.125	5.306	9.081	8.907	8.826	7.293	6.808	7.015	6.276	7.226
2007	10.096	7.847	8.181	4.954	7.843	4.803	9.023	7.998	8.763	7.299	6.668	7.020	5.694	7.200
2008	9.794	7.826	8.791	5.268	8.126	4.895	9.468	7.561	8.600	8.853	6.682	7.002	5.856	7.925
2009	10.559	7.546	9.277	5.485	7.994	5.075	9.789	7.468	9.660	9.116	7.045	6.395	6.381	7.203
2010	9.861	7.842	9.052	5.690	8.555	5.135	9.980	7.851	10.11	9.318	7.241	6.994	6.822	7.372
2011	10.818	8.126	8.894	5.830	8.552	5.391	9.767	7.709	10.27	8.865	6.744	6.611	6.465	7.044
2012	11.742	8.366	9.192	6.026	10.496	5.763	9.817	7.789	11.70	8.853	7.017	6.741	6.229	6.846
均值	9.071	6.991	8.418	5.273	8.473	6.263	10.224	9.620	9.118	8.592	7.429	6.913	6.950	7.039

注：其中四川的要素价格扭曲数据，表示的是四川和重庆的合并结果。

第 4 章　要素价格扭曲的度量与分析

从表 4-3 可以看出，一是我国各省份间要素价格扭曲差异性很大，这不仅体现在时间趋势波动上，而且在每一年的对比分析上也可以看出各省份间差别很大。二是要素价格扭曲在区域分布上也存在较明显的差异，主要体现在东部地区整体要素扭曲程度相对低于同期的中西部地区。三是各区域内部要素价格扭曲程度也存在较大的差异，如东部地区内，广东和海南的要素价格扭曲程度明显低于区域内的其他省份，甚至低于北京、上海和天津三个直辖市；在中部地区内，吉林的要素价格扭曲程度明显低于其他省份；西部地区内部各省份之间的差异更大，既有总体要素价格扭曲平均值大于 10 的四川和重庆，也有平均要素价格扭曲程度为 6.614 的内蒙古，这也说明西部地区内各省份间的要素市场化水平上差异很大。但是我们也发现，这样从总体和细分到各省份仅是一个粗略的把握，要想从总体趋势上以及各区域的角度针对要素价格扭曲进行分析，有必要分地区进行分析。因此我们按全国、东部、中部和西部划分，把总要素价格扭曲、资本和劳动价格扭曲程度分别绘制成图，见图 4-3~图 4-5。

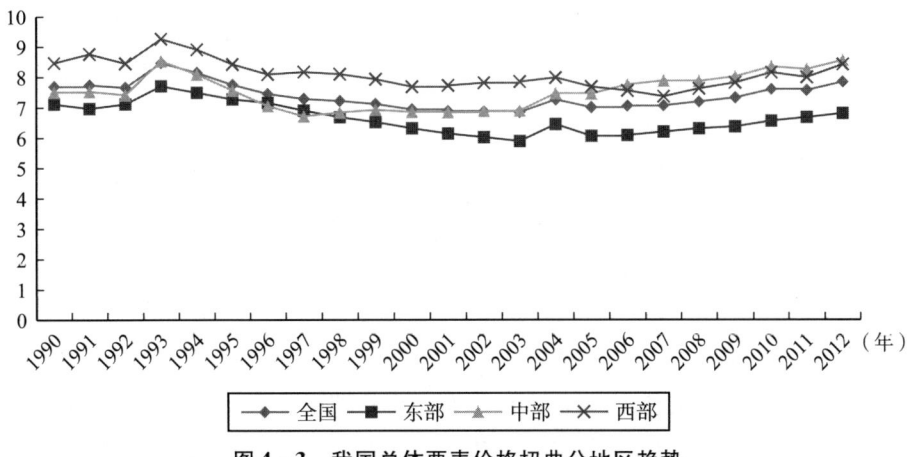

图 4-3　我国总体要素价格扭曲分地区趋势

首先，利用图 4-3 分析总体要素价格扭曲程度和波动即趋势等。从整体最高和最低值角度看：一是无论是全国还是东部、中部和西部地区，要素价格扭曲的峰值都出现在 1993 年，分别为 8.46、7.70、8.53、9.25，而且西部地区的峰值最高；二是我国要素价格扭曲的各地区之间出现最低值的时间不一致，全国总体及东部、中部和西部地区出现最低值的时间分别是 2003 年、2003 年、1997 年、2007 年，而对应的最低值分别为 6.841、5.896、6.715、7.365。从整体趋势上看：一是要素价格扭曲在 20 世纪 90 年代初期经历了短暂的上升后便进入了

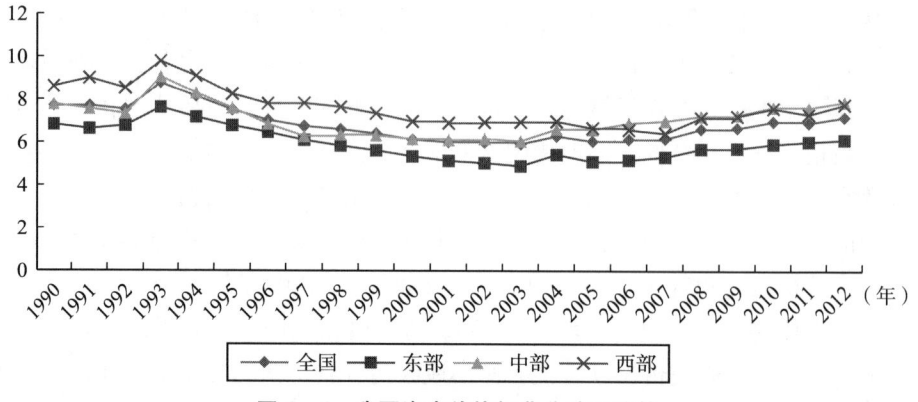

图 4-4 我国资本价格扭曲分地区趋势

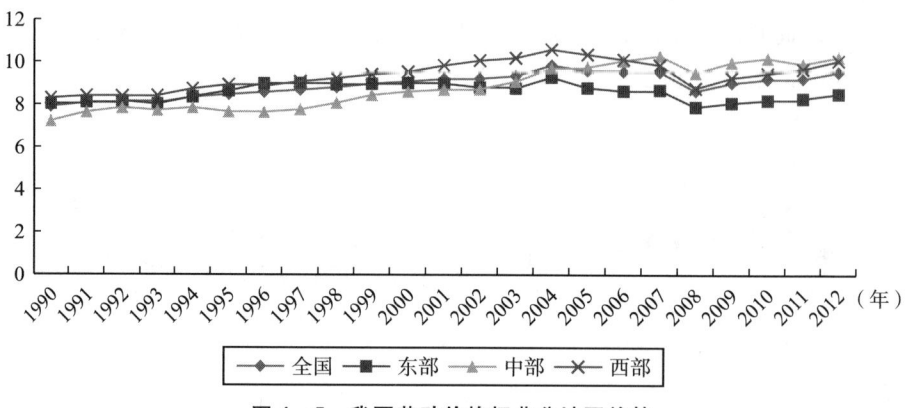

图 4-5 我国劳动价格扭曲分地区趋势

一个较快速的下降期，1998年后中部和西部地区则进入缓慢下降期，东部地区仍在下降；二是各地区和全国在2004年有一个快速的上扬波动，随后短暂下降，全国、东部和中部在2005年又开始缓慢上升，西部地区则在2007年进入拐点随后上升；三是各地区在2008年后又进入了一个快速的上升期。从各地区要素价格扭曲大小上看，一是东部地区要素价格扭曲除1996年和1997年外始终低于中部和西部地区，中部地区要素价格扭曲在2005年后超过西部地区，西部地区则在1990~2004年间远高于东部和中部地区，不过2007年后中部和西部地区扭曲程度都在加剧，但是二者之间的差距在缩小；二是从现阶段看，中部和西部地区要素价格扭曲程度同东部地区之间的差距并没有缩小，而是进一步拉大了。

我们认为总体要素价格扭曲之所以出现上述情况，原因如下：（1）1993年出现峰值的原因是我国正处在新一轮的经济改革关键时期，1992~1994年我国进行了汇率改革、银行业改革以及影响长远的分税制改革等,这些改革造成了我国经济的整体剧烈波动;(2)东部地区在 1998 年后仍然快速下降,这可能是由于我国多有企业改革进一步释放了市场的活力和要素市场化程度,而中西部地区改革缓慢引起的;(3)2003 年后各地区要素价格扭曲开始缓慢上升,原因可能是我国加入 WTO 短暂适应后在 2003 年进入了快速增长期,与此对应的是投资和出口的快速增加;(4)2008 年受国际金融危机的影响,政府投资的加大等因素最终造成了这一轮的要素价格扭曲的上升。

其次,我们从图 4-4 可看出:一是资本价格扭曲程度同图 4-3 中的总体要素价格扭曲的波动趋势基本是一致的,这一方面说明资本价格的扭曲程度较大,另一方面也是由于资本对产出的贡献度较大,从而造成对宏观经济整体影响较大。二是资本价格的波动幅度较大,相互间的差距也较大,资本价格扭曲的最大值 9.77(西部)是最小值 4.90(东部)的两倍,离散程度较高。三是资本价格扭曲程度在缓慢上升,这从我国全社会固定资产投资的总量和增长速度上也可推测出来,从侧面也说明要素价格扭曲有利于我国投资的快速增加。特别是近几年我国的投资和宏观环境受国际金融危机的影响较大,但是政府通过资本价格扭曲和补贴,并没有减少总的投资量和增长速度,反倒是因为经济不振和内需不足,政府需要以投资来拉动经济增长,国有银行主导的金融行业和利率的非市场化、地方融资平台等都加剧了我国资本的扭曲。另外我们认为,资本价格扭曲程度经历先下降后上升,很有可能是伴随我国物质固定资本存量的快速上升,利用效率在下降,从而造成资本的边际产出不断下降,扭曲增加。

最后,从图 4-5 可以看出:(1)劳动价格扭曲的波动趋势同总体要素价格扭曲和资本要素价格扭曲的波动情况基本上是不相同的,劳动价格扭曲除了短暂的插曲外,在总体上是上升的。这与我国推动的"投资拉动的粗放型、外向型"经济增长模式有关,这一模式就是通过压低劳动和资本,通过不断的粗放型规模扩张来推动经济发展和增长,而不是由技术推动经济发展。再加上我国城乡二元经济结构和农村劳动力的相对充裕,可以不断地向城市转移劳动力,从而造成了我国劳动价格的扭曲处在高位不断上升。(2)从趋势上看,劳动价格扭曲程度在 2004 年达到了高峰,随后进入了一个缓慢下降期,如果没有金融危机,我国有可能不会再次出现劳动价格扭曲的拐点,而是一直下降。我们认为,劳动扭曲的下降很有可能是受投资和外向型经济的发展,特别是加入 WTO 的影响,我国劳动密集型的制造业快速发展,"中国制造"走向全球,出现了对劳动力人口需求的快速增长,而我国城乡和各省份间受户籍等原因的影响,造成劳动力向城市的流入不足，以及20世纪70年代推行的计划生育也造成了劳动力的年度增加量的下降。至于2008年劳动价格扭曲出现拐点，同样是受金融危机的影响，推行"4万亿投资"计划，使得我国物质资本存量快速增加，进而人均资本存量快速增加，同时我国也开始着手推动经济转型和结构调整等，这些都直接或间接提高了劳动的边际产出，而劳动的工资收入并没有跟上，从而造成了劳动扭曲程度的加大。(3) 从各地区劳动价格扭曲的大小对比看，西部地区初始扭曲程度最高，而且西部地区扭曲程度一直高于东部地区扭曲程度，中部地区在2002年超过东部地区后其扭曲程度也一直高于东部地区，中部地区继2003年超过东部后在2006年其劳动扭曲程度又超过西部地区，随后一直处于三个地区的最高位置。我们对其的解释是东部地区最先受到改革开放的影响，相应的劳动产出较高，但是工资水平并没有大幅度的提高，不过为了吸引劳动人员的流入，有需要增加工资，从而造成扭曲程度的较高水平；中部地区是因为其对应的边际产出不高，但是受我国计划经济等影响和经济改革的进度影响，工资水平初始差别并不大，从而造成了20世纪90年代扭曲的较低；西部地区受经济发展和消费水平影响，其工资水平一直不高，但是西部地区是我国的能源基地，投资较多从而造成了其整体经济产出的上升，拉大了整体扭曲，这样导致西部地区贫富差距更大。至于中部地区劳动扭曲程度的不断赶超，我们认为正是由于我国对外开放的不断推进和深化以及东部地区经济发展的转型，引起了外商和国内产业向中部地区的转移，由于中部地区也是我国劳动力密集区，劳动供给的充足，也造成了工资上升缓慢，因此出现了中部劳动扭曲不断增加的现象。(4) 从劳动价格扭曲大小离散角度看，东部地区最小，基本维持在8~9之间，西部地区次之，中部地区离散度最大，最大值和最小值之间相差接近3。我们认为这应该是受各地区经济发展阶段的影响及劳动密集型制造业发展的情况影响，东部地区正处在我国发展的较快阶段，农村劳动力的转移较早，2003年以来经常出现的"民工荒"就可以说明，因此伴随经济的发展，东部地区工资水平也在上升，但是受中西部地区劳动力"无限供应"影响，也不会大幅度增长，从而其要素价格扭曲一直维持在8~9之间。

4.4 本章小结

中国要素市场扭曲是多方面的，选择一个合理的方法对其进行衡量至关重要。在总结国内外研究经验的基础上，本章借鉴盛仕斌及谢长泰和克雷诺

(2009)、施炳展和冼国明（2012）的做法，使用生产函数方法，基于我国29个省份1990~2012年的面板数据，对我国各省份的要素价格扭曲情况进行了衡量。

首先，我们构建生产函数模型，求出各省份的历年资本和劳动的边际产出，并进行了简要的分析。我们发现我国资本的边际产出水平自1990年以来呈逐年降低的趋势，而且中部地区的资本边际产出水平最高，西部地区次之，东部地区相对最低；而劳动的边际产出水平近20多年来一直在增加，2000年以后各省份普遍进入了一个快速增长的时期。另外我们还发现，劳动的边际产出一旦超过资本的边际产出水平后，劳动的边际产出就会进入一个快速增加时期。

其次，我们在求出的资本和劳动边际产出的基础上，求出各省份1990~2012年资本价格、劳动价格和总的要素价格扭曲值，并进行了分析和原因解释。根据求出的结果我们发现：一是我国要素价格扭曲存在几个重要的拐点，即1993年的资本价格扭曲、劳动价格扭曲和总的要素价格扭曲达到了"波峰最高值"；2004年的较小的阶段"波峰最高值"；还有就是2008年"波谷阶段最低值"，特别是劳动价格扭曲的拐点更是明显。因此我们认为，经济改革和重要经济事件、危机等都会对我国要素价格扭曲产生影响。

再次，根据我们的估计结果发现，我国要素价格扭曲虽然也经历过阶段性的下降，但是要素价格扭曲的程度一直处在较高的位置；分地区来看，则是东部地区要素价格扭曲程度最低，西部地区长期处在最高的位置，而中部地区要素价格扭曲程度增加最快，近年来中部地区在资本价格扭曲和劳动价格扭曲程度上都超过了西部地区，扭曲程度最为严重；从波动趋势上看，总要素价格扭曲和资本价格扭曲程度在1993年达到"波峰"后就进入了一个长期的缓慢下降期，但是在2004年后进入了新的"拐点"开始缓慢上升，2008年后进入较快上升期；劳动价格长期来看是一种上扬的趋势，虽然也经历了2004年的拐点开始缓慢下降，但是在2008年后又恢复了上升的趋势。

最后，根据我们的研究结果，近年来我国总体要素价格扭曲程度并没有得到缓解，反倒是伴随经济的快速扩张和发展有恶化的趋势，总要素价格扭曲程度甚至恢复到了20世纪90年代水平，并有超越迹象；具体到生产要素上看，资本价格扭曲程度在逐渐接近往期的"峰值"，而劳动价格扭曲的程度则是一直扩大。因此我们认为资本和劳动价格扭曲程度逐年扩大，很有可能是造成我国长达几十年劳动报酬份额降低及内需不足的重要原因，后面将进行具体的分析。

影响要素价格扭曲的因素是多方面的：首先，通过分析估计的要素价格扭曲我们也发现，1993年的"整体经济改革攻关期"、1998年的国有企业改革、2001年加入WTO、2008年的美国金融危机及由此产生中国"4万亿投资计划"都对我国要素价格扭曲带来了显著影响，甚至出现了明显的拐点。如1993年的"整体经济改革攻关期"，即在1993年的中共中央十四届三中全会上通过了《关于建立社会主义市场经济体制若干问题的决定》中明确提出"整体推进、重点突破"的改革新战略，并对财税体制、外汇管理体制、金融体制和企业体制等重点方面就改革提出了新目标，并拟定了方案。而且我国在1994年也的确进行了相应的改革，这也对我国的资本价格扭曲情况有了较大程度的缓解，1993年也成了我国资本和总体价格扭曲程度的制高点，也是重要的拐点。当然这也带动了我国投资的快速增长和人均资本存量的上升，进而提高了劳动的边际产出，而劳动的工资水平并没有上升，最终使得我国劳动价格扭曲水平开始进入长期上涨期。其次，我们认为我国特有的城乡二元经济结构及农村劳动力的富余，也有利于我国推行"要素价格扭曲、投资、规模扩张、就业增加"的粗放型经济增长模式，从而也造成了我国要素价格扭曲产期居高不下的局面。虽然我国70年代推行的计划生育政策造成劳动力人口增加量的减少，可能是2004年出现拐点的原因，但是伴随近几年来户籍制度改革和劳动力流动限制的减少，我国的要素价格扭曲程度又进一步加剧了，但是从另一方面也说明制度改革、扩大劳动力的流动有利于资源的优化配置。

基于上述分析结果以及我们对要素价格扭曲的估计结果，我们将进一步对要素价格扭曲与我国当前存在收入分配失衡和消费不足问题之间的关系进行研究，进行更进一步的分析，不仅有利于我们理解当前我国存在的经济问题，而且也希望从我们的结论中能够得出有意义的政策建议，特别是关于推进要素市场化改革和解决收入分配失衡和内需不足方面的建议。

第5章 要素价格扭曲与我国居民收入分配失衡

——基于省级动态面板 GMM 的分析

5.1 问题的提出

改革开放以来,我国取得了举世瞩目的经济增长成就,全社会财富快速增加,然而经济增长的背后也隐藏着诸多的危机和问题。据《中国统计年鉴(2013)》数据,中国国内生产总值由 1990 年的 18667.8 亿增加到 2012 年的 518942.1,增长了 26.8 倍,人均国内生产总值也由 1990 年的 1644 元增加到 38420 元,增长了 22.4 倍;但是当衡量城乡人均收入时我们发现,城镇居民家庭人均可支配收入仅由 1990 年的 1510.2 元增加到 2012 年的 24564.7 元,增加了 15.3 倍,而农村居民家庭人均纯收入由 1990 年的 686.3 增加到 2012 年的 7916.6 元,仅为 1990 年的 11.5 倍。由此可以看出我国社会财富的快速增加,不仅没有转移为居民的财富,而且城乡之间的财富分配也更加不公平了,城乡之间的收入差距已由 1990 年的 2.2 倍增加为 2012 年的 3.1 倍。伴随着收入差距的持续扩大,我国政府也在关注,在"十二五"规划纲要中就明确提出"尽快扭转收入扩大趋势"。那么 20 世纪 90 年代以来我国收入差距的持续扩大又是什么原因造成的呢?我们知道始于 1978 年的对内经济改革是渐进性的,也就是我们常提到"双轨制",即不断地以新的双轨制来取代原来的单轨制。正如杨格(Young,2000)所指出的,中国渐进式改革策略取得了巨大成功,但同时也由于其路径依赖性而留下了诸多弊端。其中要素市场内扭曲就是其中的一个重要例子,据王小鲁、樊纲《2011 年中国市场化指数报告》中的数据可以看出,中国的要素市场化发育程度严重滞后于产品市场化发育程度。因此由要素市场化发育滞后不完善而导致的要素价格扭曲对我国的经济格局又有什么影响呢?特别是对近年来持续拉大的收入分配失衡问题又有什么影响呢？要素价格扭曲能不能解释当前的收入分配失衡问题呢？

目前国内外关于收入分配失衡问题的研究不多，但是针对城乡收入差距研究的文献并不少，如黑尔（Hare，1999）、索林格（Solinger，1999）、罗伯茨（Roberts，2000）、加诺（Garnaut，2001）、外奎斯（Kuijs，2005）、阿齐兹和邓纳威（Aziz and Dunaway，2007）等从不同角度对我国城乡收入差距问题进行了研究分析，这对我们的研究提供了很大启示。

由国外研究可以看出金融抑制和户籍限制等产生的要素扭曲会对我国的城乡收入分配格局产生了重要影响。事实上国内的研究也相当丰富，如蔡昉等（2003）、林光彬（2004）、刘社建等（2004）、刘培林（2004）、陆铭和陈钊（2004）、陈斌开（2012）等选择从户籍制度、金融抑制、政策导向、城乡二元结构等要素扭曲不同角度，研究了对居民收入分配的影响。

综上（文献综述具体可参考第 2 章中"关于我国居民收入分配问题研究"的文献综述内容）可以看出，国内外研究认为，户籍制度限制和资本抑制加剧了我国的城乡收入差距。事实上劳动力流动限制和资本抑制造成了我国要素市场的不完备，导致了要素价格的扭曲，加剧了我国的收入分配失衡。盛仕斌、徐海（1999）分析认为资本和劳动等要素在不同所有制类型企业间的价格扭曲，不利于增加我国的就业。张曙光、程炼（2010）分析认为要素价格扭曲影响了我国财富分配，价格扭曲不仅降低了市场运行效率，也使财富向垄断部门、资产所有者和国外转移，不利于社会稳定和经济长远发展。由此可以看出要素价格扭曲造成的资源配置不公平、不同企业间的收入分配的不公平。

本章正是在我国要素市场化不完善的背景下及前人研究的基础上，直接从要素价格扭曲的角度，分析要素价格扭曲是扩大还是缩小了？以期能够分析清楚我国的城乡收入差距是内生于当前中国的发展和转型阶段，还是外生于我国政府对这种策略的"有意"选择。另外根据前面的分析，劳动价格扭曲和资本价格扭曲的演变趋势和大小并不完全一致，因此我们在分析总体要素价格扭曲对收入分配失衡影响的基础上，还会进一步分析资本价格和劳动价格扭曲对我国收入分配失衡的影响。本章结构安排如下：5.1 节是问题的提出，主要是提出研究问题；5.2 节是计量模型的设定、变量说明和描述性分析；5.3 节是实证分析和结果，该节主要基于我国 1990~2012 年省级面板数据，并利用动态面板 GMM 方法实证分析要素价格扭曲同收入分配失衡之间的关系，并对资本扭曲和劳动扭曲进行分组检验；5.4 节是本章小结。

5.2 计量模型的设定和说明及描述性分析

5.2.1 模型的设定

根据第 3 章第 3.2 节的理论模型分析知，当前我国不断恶化的收入分配失衡问题同要素价格扭曲存在着密切的关系。而且现实中我们也可以观察到，当前我国要素市场化严重滞后，而同时居民收入分配失衡问题却在不断加剧。那么现实中要素价格扭曲和居民收入分配失衡之间存在因果关系吗，观察到的两者间的关系会不会是一种假象呢？为更好地分析两者间的关系，在现有研究要素价格扭曲和收入分配相关的文献的基础上，本章根据已有的研究成果和我国的经济现实引入相关控制变量，构建如下计量模型：

$$cxcj_{it} = \alpha_0 + \alpha_1 dist_{it} + \alpha_2 X_{it} + \mu_i + \varepsilon_{it} \tag{5.1}$$

根据前文的分析我们知道，资本价格扭曲和劳动价格扭曲的波动趋势和大小离散程度等都不完全相同，那么二者对我国收入分配失衡问题的影响又如何呢？是否一样？因此有必要构建模型分别进行分析，也能更好地刻画资本和劳动对收入分配失衡的影响。具体模型如下：

$$cxcj_{it} = \alpha_0 + \alpha_1 distK_{it} + \alpha_2 X_{it} + \mu_i + \varepsilon_{it} \tag{5.2}$$

$$cxcj_{it} = \alpha_0 + \alpha_1 distL_{it} + \alpha_2 X_{it} + \mu_i + \varepsilon_{it} \tag{5.3}$$

在式 (5.1)、式 (5.2) 和式 (5.3) 中，下标 i 和 t 分别表示省份和时间；$cxcj_{it}$ 表示城乡收入差距，用来反映中国各省区的居民收入分配失衡问题；X_{it} 表示影响我国各省区收入分配失衡问题的控制变量；μ_i 表示省份固定效应，反映不随时间变化的省份特定因素；ε_{it} 表示未被观测到的随机误差项。以上计量模型将作为本章的基准模型。

5.2.2 内生性和估计方法说明

本章实证分析使用面板数据模型。面板数据是固定一个截面研究对象在连续时间序列上取得的数据，能够反映时间和空间连个维度的特性，不仅可以克服采用时间序列数据分析中的多重共线性问题，而且可以获得比时间序列更多的样本信息和比截面数据序列更多的动态信息。经典的面板数据模型通常分为三种：一是混合模型，简称"pool 模型"；二是固定效应模型，简称"FE 模型"；三是随机效应模型,简称"RE 模型"。具体采用哪种面板模型一般需要进行检验才能得到有效的参数估计和模型设定。第一步一般通过 F 检验方法来决定使用混合模型还是固定效应模型,主要检验以下两个假设:

假设 5.1:模型中截距和系数项在不同的横截面个体上都是相同的(即混合模型)。

$$H1: Y_{it} = \beta_0 + \beta_1 X_{it} + \beta_2 Z_{it} + \mu_i + \varepsilon_{it} \tag{5.4}$$

假设 5.2:模型中系数在不同的截面个体上斜率相同,但截距项不相同(即固定效应模型)。

$$H2: Y_{it} = \beta_i + \beta_1 X_{it} + \beta_2 Z_{it} + \mu_i + \varepsilon_{it} \tag{5.5}$$

首先检验假设 5.1,来判断是采用混合模型还是固定效应模型,若假设 5.1 成立则采用混合效应模型(5.4),反之则进行下一步检验;即若假设 5.1 不成立,则进行假设 5.2 检验,以判断截距项是否都相同;若假设 5.2 被接受,则可使用固定效应模型(5.5);若假设 5.2 被拒绝,表明不同个体的截距项和系数都不相同,则采用随机效应模型,即

$$Y_{it} = \alpha_i + \beta_i X_{it} + \gamma_i Z_{it} + \mu_i + \varepsilon_{it} \tag{5.6}$$

上述检验方法需要构造相应的 F 统计量,检验假设 5.1 的 F 统计量为

$$F_1 = \frac{(S_3 - S_1)/[(N-1)(K+1)]}{S_1/[NT - N(K+1)]} \sim F[(N-1)(K+1), N(T-K-1)] \tag{5.7}$$

检验假设 5.2 的 F 统计量为:

$$F_1 = \frac{(S_2 - S_1)/[(N-1)K]}{S_1/[NT - N(K+1)]} \sim F[(N-1)K, N(T-K-1)] \tag{5.8}$$

式(5.7)、式(5.8)中 S_1、S_2、S_3 分别是混合效应模型、固定效应和随机效应模型的回归残差平方和,T 是时间序列跨度,N 是截面个体数,K 是自变量个数。

另外我们使用豪斯曼(Hausman)检验来确定是采用固定效应模型还是随机效应模型,两者之间的差异在于不可观测的个体效应 μ_i 与解释变量是否相关。

原假设 H_0:个体效应 μ_i 与解释变量不相关。

备择假设:个体效应 μ_i 与解释变量相关。

豪斯曼构造的 Wald 统计量 W:

$$W = (\alpha - \beta)'[Var(\alpha) - Var(\beta)]^{-1}(\alpha - \beta) \sim \chi^2(m)$$

其中,α 是固定效应模型估计结果,β 是随机效应模型估计结果,m 为模型解释变量数目,W 统计量服从自由度为 m 的 χ^2 分布。若统计量 W 大于 $\chi^2(m)$,

表明随机效应和固定效应模型估计结果存在显著差异，拒绝个体效应与解释变量不相关原假设，选择固定效应模型较优于随机效应模型。

从上述传统面板回归模型可以看出，虽然静态面板数据回归具有时间序列和截面数据分析不具有的优势，但是如果想更好地揭示宏观经济关系存在的内在动态属性，就有必要充分挖掘面板数据的优势，使用动态面板数据。例如阿雷亚诺和邦德（Arellano and Bond，1991）就运用动态面板模型 $y_{it} = \beta_0 + \sum_{K=1}^{K} \beta_k x_{kit} + \sum_{l=1}^{p} \alpha_{it} y_{i,t-l} + u_i + v_t + \varepsilon_{it}$ 研究分析了就业、经济增长和劳动力供给等问题。

因此，单纯地使用静态面板回归不能较好地分析本书要研究的问题，而且也没有考虑到由于居民收入分配等存在某种惯性和"棘轮效应"所产生的序列相关。另外由于我们研究的是宏观经济行为，上述宏观经济变量之间也可能存在内生关联，这会导致估计结果有偏差，从而使我们随后的统计推断结果无效。因此本章采用动态面板估计方法估计，即在式（5.1）、式（5.2）和式（5.3）引入被解释变量的滞后项，可变为：

$$cxcj_{it} = \alpha cxcj_{i,t-1} + \alpha_1 dist_{it} + \alpha_2 X_{it} + \mu_i + \varepsilon_{it} \qquad (5.9)$$

$$cxcj_{it} = \alpha cxcj_{i,t-1} + \alpha_1 dist K_{it} + \alpha_2 X_{it} + \mu_i + \varepsilon_{it} \qquad (5.10)$$

$$cxcj_{it} = \alpha cxcj_{i,t-1} + \alpha_1 dist L_{it} + \alpha_2 X_{it} + \mu_i + \varepsilon_{it} \qquad (5.11)$$

可以看出，上述动态面板模型式（5.15）中虽然引入了时间效应，但并没有消除不可观测到的特殊个体效应，另外解释变量也可能存在内生性问题，从而使得我们的估计结果具有偏差，如果这样，我们根据估计结果所进行的统计分析也就无效。根据阿雷亚诺和邦德（1991）以及阿雷亚诺和博韦尔（Arellano and Bover，1995）研究认为差分广义矩估计方法能够极大增加模型的信息使用量；而布伦德尔与邦德（Blundell and Bond，1998）认为使用系统广义矩估计方法能够提高模型参数估计的有效性，能够克服自变量滞后项与自变量差分滞后项因相关性不高而导致的弱工具变量问题。动态面板GMM的估计方法的优点在于它可以使用工具变量或差分方法来控制未观测到的个体和时间效应，同时也可以使用滞后的被解释变量和超前的解释变量作为工具变量来克服内生性问题。鲁德曼（Roodman，2006）研究指出系-GMM估计方法是更有效的，它综合考虑了变量的差分变化和水平变化的信息。考虑到研究样本数据的局限性，我们用解释变量的一阶滞后值作为工具变量。

因此，本章将使用差分广义矩估计方法（different-GMM，Diff-GMM）和系统广义矩估计方法（system-GMM，SYS-GMM）。由于广义矩估计方法使用了更多的信息量，工具变量较多，因而会影响估计结果的有效性和显著性。为此，本章一是采用 Sargan 检验识别工具变量的有效性；二是使用 Arellano – Bond 统计量来检验随机误差项 ε_{it} 的自相关状态，即检验广义面板矩估计中差分残差项是否存在二阶序列相关。

5.2.3 变量的选择和说明

（1）居民收入分配失衡，作为被解释变量，用 cxcj 表示。针对居民收入分配失衡度量，从国际上来看，基尼系数是国际上公认的是度量一个地区或国家收入分配失衡的权威指标。但是从国内来看，由于缺乏各省的历年基尼系数数据，国内关于收入分配失衡方面的研究多是使用城乡收入差距指标，如陈斌开和林毅夫（2013）、吕炜和高飞（2013）等。另外，我们也看到国内学者使用泰尔指数来衡量分配失衡，如王少平和欧阳志刚（2008），曹裕、陈晓红和马跃如（2010），孙永强和巫和懋（2012）等。据王少平和欧阳志刚（2008）对泰尔指数的定义（用 dis 表示）和公式：

$$dis_{it} = \sum_{j=1}^{2} \left(\frac{p_{jt}}{p_t}\right) \ln\left(\frac{p_{jt}}{p_t} \bigg/ \frac{u_{it}}{u_t}\right) = \frac{p_{1t}}{p_t} \ln\left(\frac{p_{1t}}{p_t} \bigg/ \frac{u_{1t}}{u_t}\right) + \frac{p_{2t}}{p_t} \ln\left(\frac{p_{2t}}{p_t} \bigg/ \frac{u_{2t}}{u_t}\right)$$

其中，$j = 1，2$，分别表示城镇地区和农村地区；u_{it} 分别表示 t 时期城镇和农村地区的人口数量；p_{jt} 分别表示城镇（$j = 1$）或农村（$j = 2$）时期的总收入；u_t 表示 t 时期的总人口；p_t 表示 t 时期总的收入。

从中可以看出，泰尔指数虽然对城乡收入差距有了一个较好的平均，但是我们认为针对我国各省的城镇人口数据的统计是缺失的，特别是 2000 年以前多数省份只有非农业人口数据，然而伴随我国经济和城市化的推进，用非农业人口数据作为衡量城市人口数据是很不科学和不全面的。另外，虽然基尼系数是较权威的衡量方式，但是在面临相关数据的缺失及数据不准确不一致等问题时，也不能准确地对其进行度量。因此本章舍弃了泰尔指数和基尼系数方法，而使用最直接的收入分配失衡度量方法——城乡收入差距指标，该指标是用城市居民家庭人均可支配收入与农村居民家庭人均纯收入作比值，比值越大说明城乡收入差距越大，居民收入分配失衡问题越严重，反之则说明城乡收入差距越小。城市居民家庭人均可支配收入与农村居民家庭人均纯收入都是来自中经网数据库。

（2）核心解释变量。本章核心解释变量是总要素价格扭曲（dist）、资本价格扭曲（distK）和劳动价格扭曲（distL），具体计算方式和意义见第 4 章。根据前面的分析，要素价格扭曲、资本价格扭曲和劳动价格扭曲加剧了我国的居民收入分配失衡问题，预期符号为正，但是要素价格扭曲在我们研究的时间跨度内也是波动的，而且有升有降，大小上也存在差异，因此我们也将检验三个扭曲变量同收入分配失衡之间是否存在非线性关系。

其他控制变量，主要包括：

（1）经济发展水平，用 rjy 表示，选取各省份人均生产总值来衡量一个地区经济发展情况，并按1990年价格为基期进行了调整，然后取对数。一般来说一个地区经济发展水平越高，其收入水平也会越高，但是库兹涅茨（Kuznets, 1955）研究认为经济发展同收入分配之间存在倒"U"型关系，即库兹涅茨效应，而我国恰好正处于经济发展的较低阶段，极有可能存在库兹涅茨效应，所以本章将人均GDP对数值的一次项（rjy）和二次项（$rjysq$）同时纳入模型，验证我国是否存在库兹涅茨效应，预计一次项（rjy）符号为正，二次项（$rjysq$）符号为负。相关数据来源于历年各省统计年鉴、《中国统计年鉴》《新中国六十年统计年鉴》。

（2）金融发展水平，用 $finance$ 表示。度量金融发展水平的诸多指标中，大致可分为三类：一是衡量证券市场发展水平或资本市场直接融资水平，用股票成交额/国内生产总值；二是衡量金融信贷市场发展程度的指标，如麦氏指标广义货币供给M2占GDP的比率和戈德斯密斯（Goldsmith, 1969）提出的金融相关比率，即全部金融资产占GDP的比率；三是使用樊纲、王小鲁和朱恒鹏编写的《中国市场化指数——各地区市场化相对进程2011年报告》中的金融市场化发育程度指数，包括金融业竞争程度和信贷资金分配市场化发育程度，根据樊纲、王小鲁等的定义，该指数越大表示金融市场化发育程度越好，也就意味着金融发展水平越高。然而在我们所研究的时间区间内，由于数据资料欠缺，我们无法获得各省市的金融资产数据以及各省市的广义货币供给M2数据，樊纲等金融市场化发育程度指数也仅提供1999年以来的数据。另外，我国证券市场尚不完善，一方面我国证券市场指标不能充分反映我国金融市场发展的水平，另一方面各省份证券市场相关数据也欠缺。因此本章遵照国内多数研究做法，使用各省份金融机构人民币存贷款余额与国内生产总值的比值来衡量金融发展水平。相关数据来源于历年各省统计年鉴、《新中国六十年统计年鉴》。

（3）人力资本水平，用 $lnjy$ 表示，本书选择各省份6岁及6岁以上人口人均受教育水平来衡量，计算方法为：人均受教育年限＝小学教育人口数×6/总人口数＋初中毕业人口数×9/总人口数＋高中毕业人口数×12/总人口数＋大专以上毕业人口数×16/总人口数。其中小学教育按6年学制算，初中毕业按3年学制算，高中教育按3年学制算，大专以上人口按平均4年学制算。一般来说，一个地区的人力资本水平越高，该地区的学习能力、工作能力也相对较高，有利于吸引外来企业的投资和产业结构的升级，整体工资水平也会上升。但是，由于当前我国正处于快速城镇化的过程中，人力资本水平较高的劳动者更有可能进城，并留在城市工作，因此该变量对居民收入分配失衡有可能是负向影响。其中1990~2001年数据来源于陈钊、陆铭等（2004）的估计，2002~2012年数据根据各年的《中国统计年鉴》整理得到。

（4）产业结构，用 $ersancy$ 表示，选取各省份第三产业增加值与第二产业增加值的比值来衡量，比值上升表明产业结构在趋向合理。使用该变量不仅可以更好地反映第二产业和第三产业的增长波动情况，而且可以反映我国各省份的产业结构变迁情况，比单纯使用第二产业增加值或第三产业增加值占生产总值的比值能更好地反映产业结构变动。一般来说产业结构变动会引起全社会的就业结构变动；反过来，就业结构的变动又会影响劳动力人员的流动以及工资水平的变动。由于当前我国正处在发展中阶段，会出现特有的现象，因此我们无法预测其系数符号。

（5）就业人口，用 jye 表示，选取各省份每年劳动力就业人数来衡量。我国长期存在城乡二元经济结构，在推进城乡一体化过程中，由于大量农村富余劳动力进入城市，这样一方面造成城市就业人员的工资水平上升缓慢，另一方面农村进程就业人员获得的工资会远高于在农村获得的收入。另外，我国特有的户籍制度也限制了农民工成为城镇人口，农民工进城也不是整个家庭都在城里居住或务工，两者共同决定了农民工多数会返乡，从而提高了农村家庭的收入水平；相反，由于农村劳动力的大量进入，使得城市多数劳动者的工资水平难以上升，甚至失业。因此我们认为，就业人口的上升会延缓我国的城乡一体化情况，其对我国城乡收入差距的影响为负，预期 jye 符号为负。

（6）对外开放水平，用 x 表示，选取各省份的进出口贸易总额与生产总值的比值来衡量，并使用当年平均汇率水平数据将进出口额折算为人民币计算。根据经典的斯托尔珀-萨缪尔森定理（The Stolper-Samuelson Theorem，S-S定理），对外开放会降低发展中国家相对稀缺要素的实际报酬，但也会提高相对充裕的非熟练劳动力的报酬，有利于减小传统部门与现代部门之间的收入差距。另外据汉森（Hanson，1999）、佩里（Perry，2007）、戴枫（2005）等研究认为对外开放水平的上升拉大了发展中国家内部的收入差距。因此，在这里我们不对 x 的系数进行判断。

(7) 外商直接投资，用 bzfdi 表示，选取各省份实际利用外商直接投资额与生产总值的比值来衡量外商投资水平，其中，外商直接投资额用当年人民币平均汇率折算成人民币计算。罗德里克（Rodrik，1997）研究认为，如果东道国最初劳动人员的工资收入低于资本所有者的租金收入，那么外商投资的进入将会促使劳动和资本要素报酬的均等化，有利于缩小资本所有者和劳动所有者的收入差距。学者的研究并不是一致的，芬斯特拉和汉登（Feenstra and Handon，1997）基于墨西哥数据研究认为，fdi 与收入不均衡显著正相关。周华（2006）研究认为外商直接投资扩大了全国收入差距，特别是中西部地区之间的差距；刘渝琳、李敬（2012）利用省级面板数据，研究认为外商直接投资同收入差距之间呈倒"U"型关系，且存在区域差别。综上，bzfdi 的系数符号有待确定。

(8) 政府行为，用 bzczh 表示，选取各省份财政支出总额与生产总值的比值来衡量。我国地方政府在经济发展中扮演着重要的角色，政府是实行收入再分配的关键，同时政府通过对企业补贴、干预贷款等也会影响企业及企业间的初次分配。据陆铭和陈钊（2004）研究认为在考核机制下，各级政府都会以经济增长为目标，造成地方政府可能会带有城镇倾向，因此地方政府财政总支出占生产总值的比重越大，城镇居民就越有可能从政府支出中获益越大，进而拉大城乡之间的收入差距，陈斌开和林毅夫（2013）研究也支持了这一观点。因此，我们预期 bzczh 的系数符号为正。

5.2.4 数据说明和描述性统计分析

基于数据的可得性与一致性，在时间序列选择方面，本章以 1990~2012 年为样本区间；在截面数据选择上，由于西藏部分数据缺失，未纳入样本范围，澳门地区、台湾地区和香港地区也不在样本内，重庆和四川数据合并在一起，因此样本共涵盖 29 个省（直辖市、自治区）。另外本书数据如非特别说明，数据均来自各省历年统计年鉴、《中国统计年鉴》《新中国六十年统计资料汇编》。本章使用 Stata 11.0 软件分析，表 5-1 给出了本章计量模型中主要变量的描述性统计分析结果。

表 5-1　　　　　　　　主要变量的描述性统计分析

变量	平均值	标准差	最小值	最大值	样本值
dist	7.392451	1.467937	4.65368	12.32875	667
distK	6.839304	1.811393	3.520555	13.23198	667

续表

变量	平均值	标准差	最小值	最大值	样本值
distL	8.917532	1.666185	4.972351	14.3531	667
rjy	8.379186	0.821468	6.697034	10.35778	667
finance	2.224995	0.804182	1.123815	6.502475	667
lnjy	2.01736	0.162224	1.538401	2.471173	667
ersancy	0.906328	0.369233	0.478283	3.349284	667
jye	7.459761	0.86258	5.352664	8.787876	667
x	0.309313	0.410178	0.032079	2.258532	667
bzfdi	0.032587	0.034921	0.000219	0.242874	667
bzczh	0.134854	0.071194	0.041107	0.528765	667

5.3 价格扭曲对中国收入失衡的实证分析

本节将利用1990~2012年的省级面板数据进行系统翔实的计量分析。利用两步系统广义矩估计方法（two-step SYS – GMM）和两步差分广义矩估计方法（two-step Diff – GMM）估计基准模型（5.9）、模型（5.10）和模型（5.11），检验要素价格扭曲、资本价格扭曲和劳动价格扭曲对我国收入分配失衡问题的影响。另外，本章使用Stata 11.0进行估计。

5.3.1 总要素价格扭曲对我国收入分配失衡的影响

首先，我们从全国总体层次上考察分析要素价格扭曲对我国收入分配失衡问题的影响，在这里，我们使用两阶段系统GMM估计方法，并逐步引入控制变量进行回归，以验证核心解释变量要素价格扭曲的稳健性，同时利用两阶段差分GMM方法估计以作对比分析，估计结果见表5–2。

表5–2　　　　要素价格扭曲对我国收入失衡的估计结果

变量	模型1 SYS–GMM	模型2 SYS–GMM	模型3 SYS–GMM	模型4 SYS–GMM	模型5 SYS–GMM	模型6 SYS–GMM	模型7 SYS–GMM	模型8 Diff–GMM
L1.cxcj	0.834*** (283.2)	0.855*** (127.9)	0.86*** (81.24)	0.867*** (57.21)	0.878*** (48.2)	0.889*** (48.72)	0.857*** (33.45)	0.82*** (43.71)

续表

变量	模型1 SYS-GMM	模型2 SYS-GMM	模型3 SYS-GMM	模型4 SYS-GMM	模型5 SYS-GMM	模型6 SYS-GMM	模型7 SYS-GMM	模型8 Diff-GMM
$dist$	0.015*** (5.36)	0.04*** (8.68)	0.047*** (9.06)	0.051*** (9.07)	0.046*** (8.26)	0.039*** (6.44)	0.039*** (7.03)	0.032*** (5.78)
rjy		1.512*** (12.25)	1.287*** (6.46)	1.033*** (4.11)	0.986*** (3.25)	0.931*** (2.96)	1.804*** (4.15)	1.34*** (3.82)
$rjysq$		-0.091*** (-12.71)	-0.079*** (-6.96)	-0.067*** (-4.97)	-0.064*** (-3.86)	-0.059*** (-3.47)	-0.112*** (-4.44)	-0.089*** (-4.16)
$finance$			0.084*** (13.13)	0.072*** (10.22)	0.054*** (6.65)	0.057*** (7.36)	0.025** (2.12)	0.107*** (9.44)
$lnjy$				0.352*** (2.79)	0.317** (2.3)	0.215* (1.8)	0.092* (1.79)	0.413*** (2.93)
jye					-0.082*** (-3.04)	-0.102** (-2.01)	-0.073* (-1.75)	-0.356* (-1.65)
x						-0.141*** (-2.66)	0.056* (1.86)	0.322*** (4.64)
$bzfdi$							-2.107*** (-5.7)	-1.271*** (-4.1)
$bzczh$							0.877** (2.38)	1.324*** (5.13)
$\_cons$	0.396*** (15.3)	-6.06*** (-11.33)	-5.25*** (-6.16)	-4.68*** (-4.84)	-3.83*** (-3.31)	-3.27*** (-2.73)	-6.73*** (-4.04)	-3.273 (-1.3)
AR1-检验	-3.65 [0.000]	-3.68 [0.000]	-3.74 [0.000]	-3.71 [0.000]	-3.73 [0.000]	-3.78 [0.000]	-3.92 [0.000]	-3.74 [0.000]
AR2-检验	-0.496 [0.619]	-0.146 [0.883]	-0.138 [0.89]	-0.24 [0.809]	-0.269 [0.787]	-0.27 [0.786]	-0.342 [0.732]	-0.533 [0.593]
Sargan检验	28.70 [0.926]	28.69 [0.926]	27.60 [0.945]	27.53 [0.946]	27.23 [0.951]	27.85 [0.941]	26.82 [0.957]	26.82 [0.14]
观测值	638	638	638	638	638	638	638	609
省个数	29	29	29	29	29	29	29	29

注：(1) Diff-GMM 代表两阶段差分广义矩估计模型，SYS-GMM 代表两阶段系统广义矩估计；(2) 圆括号里的数据为估计系数的 t 值，方括号里数据为统计量的 p 值；(3) L1.cxcj 代表我国收入分配失衡变量 cxcj 的滞后一期，rjysq 代表变量 rjy 的平方变量；(4) *** 表示在1%水平上显著，** 表示在5%水平上显著，* 表示在10%水平上显著。

表 5-2 中模型 1~模型 7 是两阶段系统 GMM 估计，模型 8 是两阶段差分 GMM 估计结果。从系统 GMM 估计结果看，通过逐步引入其他控制变量，要素价格扭曲对城乡收入分配失衡的影响始终为正，且在 1% 水平上显著。另外从两阶段系统 GMM 方法和两阶段差分 GMM 回归结果也可以看出，回归结果方向基本一致，且在统计上显著，这表明我们的回归结果是稳健的。在两阶段 GMM 估计中，一是利用 Sargan 检验工具变量过度识别问题，检验结果表明我们不能拒绝"所有工具变量均有效"的原假设，从表 5-2 中也可以看出 Sargan 检验的 p 值都大于 0.1；二是使用 Arellano-Bond 统计量检验广义矩估计中扰动项序列相关问题，二阶序列相关 AR（2）检验结果表明，扰动项差分存在一阶自相关，但不存在二阶自相关，支持估计方程的扰动项不存在二阶自相关的假设。综合 Sargan 检验和 Arellano-Bond 统计量检验说明，我们设定的模型是合理的，工具变量也是有效的。据阿雷亚诺和博韦尔（1995）和布伦德尔（Blundell，1998）及鲁德曼（Roodman，2006）研究认为使用系统广义据估计 GMM 方法可以增强工具变量的有效性，也能获取更多的信息。因此本章结合上面的分析，将选择模型 7 作为基准模型，进行实证结果的分析和讨论。

我们最关注本章核心解释变量要素价格扭曲的估计系数。在模型 1~模型 7 中，通过逐步引入控制变量，要素价格扭曲的估计系数始终为正，且在 1% 的水平上显著，说明估计结果是稳健的。样本期间，要素价格扭曲程度越大，则以城乡收入差距度量的居民收入分配失衡问题越严重，这意味着过去 20 多年来要素价格扭曲显著扩大了我国城乡收入分配失衡，是居民收入分配失衡的重要原因之一，估计结果同我国的现实基本相吻合，切合了图 5-1 的散点图。

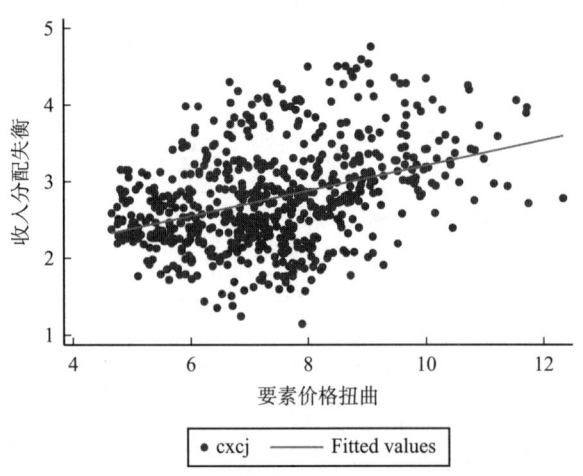

图 5-1 要素价格扭曲同我国居民收入分配失衡的散点图

第 5 章　要素价格扭曲与我国居民收入分配失衡

本章对这一问题的解释，一是由于我国地方政府在考核机制下，具有推动经济增长的动机，因此政府会通过直接政策补贴等方式给予投资企业优惠，在这种情况下，企业生产会偏离帕累托最优，资源配置效率下降，而且也会造成被补贴行业或企业的工资水平高于其他企业，加剧了收入分配失衡。二是政府甚至会直接或间接的参与扭曲要素市场价格，例如干预银行特别是地方银行贷款给国有企业或政府投资平台，包括对地方企业员工进行涨工资的活动的压制，或者压低地方最低工资水平等都会使得要素价格扭曲，在这种情况下获得较低贷款的企业可能会采取资本替代劳动的方式生产，进而造成就业的减少以及人为的工资差距大。三是要素价格扭曲造成了初次分配的不公平，包括资本和劳动间的初次分配，及不同企业、不同行业间的初次分配，而乡村就业人员又是最难从政策扭曲中获利的，从而造成了城乡收入差距的加大，王小鲁（2007）也认可了这一点。总之，表5-1估计结果表明要素价格扭曲拉大了我国居民收入分配失衡，这也验证了第3章中的命题3.1的正确性。

其次，从表5-2中的估计结果可以看出，居民收入分配失衡变量的滞后一期 $L1.cxcj$ 的估计系数在模型1~模型7中符号始终为正，且在1%的置信水平下显著，模型7中估计系数为0.857，说明城乡收入差距当期上升1，则其在滞后一期后会对下期城乡收入差距造成0.857的上升。这反映我国居民收入分配失衡具有惯性，当期收入分配失衡的加剧会延续到下一期，说明居民收入分配失衡不仅不具有自我调节机制，而且还会对居民收入分配失衡有恶化效应。因此针对当前我国的收入分配失衡问题，政府有必要采取恰当的措施进行干预，以减缓失衡。本章对这一问题的解释是：由于收入水平较高的居民，其个人能力财富也会得到提高，在下一期不仅个人工资会上升，其资本收入也会上升；相反，收入较低的居民，其收入不足以更好地提升自身的健康、智力和技术水平，而且相应地财富甚至会负增长，从而造成下一期的工资收入不仅很难得到提升，而且资本收入也会上升很少或降低，在两者的共同作用下，加剧了收入分配失衡问题的连贯性和非收敛性。

最后，本章控制变量对我国居民收入分配失衡问题有解释作用，对它们的影响效应进行分析，不仅可以加深我们对居民收入分配失衡的理解，而且也可以和已有的研究成果进行对比分析，这是很有益的。

（1）代表经济发展水平的变量 rjy 的估计系数为1.804，而经济发展水平的平方项 $rjysq$ 的估计系数为-0.112，且都在1%水平上显著，与预期一致。这说明我国经济发展同居民收入分配失衡之间存在倒"U"型关系，二者之间存在库兹涅茨效应，也就是说在经济发展的初始阶段，伴随经济发展水平的上升，居民收入分配失衡问题会越来越严重，当经济发展达到一定水平后继续发展，则会缓解收入分配失衡问题。这比较符合我国当前的发展阶段。

（2）金融发展水平的变量 $finance$ 的回归系数为 0.025，且在 1% 置信水平上显著，这说明在样本区间内，金融发展水平的上升加剧了我国存在的收入分配失衡问题。计量分析的结果同我国当前存在的情况是符合的，过去 20 多年来我国金融发展水平有了较大的提高，但是同时我国的收入分配失衡问题也体现出来。国内外很多学者研究认为金融发展是影响居民收入分配的重要因素，我们通过引入控制变量利用省级面板数据对二者间的关系进行佐证，发现同克拉克等（Clarke et al.，2006）和贝克（Beck，2007）的研究结论正好相反，但同国内学者章奇（2003）、叶志强（2011）等研究相近。我们认为这一方面与我国当前的经济转轨和发展阶段有关；另一方面也有可能与我们所选择衡量金融发展的方式有关，毕竟存贷款占 GDP 比重的上升也间接反映了我国资本市场的不发达，投融资渠道的缺乏和金融的抑制。

（3）代表人力资本水平的变量 $lnjy$ 的回归系数为 0.092，且在 10% 水平上显著，这说明我国人力资本水平的上升并没有缓解收入分配失衡，反而加剧了分配失衡，这同杨俊、黄潇等（2008）的研究相似。本章认为当前我国人力资本水平的上升没有缓解分配失衡的原因有二：一是我国的户籍制度限制比较严格，而且城乡综合条件（包括教育、医疗、养老保险）差距较大，这就造成了大家都想到城镇去，最后获得户籍并定居在城市的倾向，而人口流动的限制注定能够流向城市的只能是少数人，这个少数人往往就是农村中人力资本水平较高的人，他们的流失不仅直接造成农村人均收入平均的下降，而且会降低农村的投资以及相应的带动效应，从而加剧了居民收入分配失衡；二是由于我国人力资本水平处在上升期，总量较低，还很难带动整体经济转型和结构升级，进而造成对高人力资本劳动者的就业效应较低，使得伴随受教育水平的上升，其工资水平并没有上升，这同我国当前存在的情况比较符合，尹蔚民（2009）表示存在大学生与农民工工资趋同现象等。

（4）代表劳动力就业人员的变量 jye 的估计系数为 -0.073，且在 10% 水平上显著，说明当前我国就业人数的增加能够缓解居民收入分配的不平衡问题。本章认为出现这一情况的原因有二：一是我国就业人数的上升，很大程度上是由农村新增劳动力增加引起的（这是因为 20 世纪 70 年代实施的计划生育最先发生在城市，而且城市的政策施行比农村更加严厉），而农村新增的劳动力的人力资本水平也较高，他们多数走向了城市成为农民工，而农民工毕竟不是城市当地人，最终又会带着城市获得的收入回乡，从而提高了农村家庭居民人均纯收入，减缓了居民间的收入分配不平衡；二是我国是典型的城乡二元经济结构，农村存在大量富余的劳动力需要进城镇工作，在这种情况下形成了劳动的价格扭曲，整体工资水平上升缓慢，因此可以说整体劳动力人员的继续上升会进一步延缓工资的上升，进而成为减小居民间收入分配不平衡的原因之一。

（5）代表外商直接投资水平的变量 $bzfdi$ 的估计系数为 -2.107，系数值较大，且在1%置信水平上显著，这说明我国各省份外商直接投资水平的上升，能够很大程度上缓解居民收入分配失衡问题，本章研究结论支持了罗德里克（Rodrik，1997）的研究结论。正如波恩希尔等（Bornschier，1978）指出，外商直接投资对收入分配的影响需要结合东道国特定的经济发展阶段加以分析。一方面，直至目前我国一直存在城乡经济二元结构，农村地区拥有大量的劳动力，他们得不到合理的安置，形成资源的浪费，相对而言资本和技术是稀缺的，当外商直接投资进入后，不仅能够一定程度上提高我国的技术水平，而且可以吸引大量劳动力就业，改善我国的收入分配状况；另一方面，外商投资的进入也会加快我国的经济改革，使得资源配置更合理，破除国有企业的垄断，也有利于使企业间、行业间和城乡间的工资分配趋于合理，进而缓解收入分配失衡。

（6）代表开放水平的变量 x 的估计系数为 0.056，且在 10%水平上显著，符号为正说明开放水平的上升会拉大居民收入分配失衡。这反映近年来我国进出口水平的快速上升不仅没有减小居民间的收入差距，而且加大了居民间的收入分配失衡。另外我们也发现在回归模型 7 中，由于未引入代表外商直接投资水平的变量，此时的开放水平变量 x 的估计系数为 -0.141，且在 1%置信水平上显著，这说明对外开放水平没有拉大居民间的收入分配失衡。如果结合模型 7 和模型 8 的估计结果我们就会发现，仅引入控制变量开放水平时，x 的回归系数符号为正，而当同时引入开放水平变量和外商直接投资变量时，x 的系数符号为正，$bzfdi$ 的系数符号为负，但是我们也发现变量 $bzfdi$ 的系数值明显大于变量 x 的系数值。实际上外商直接投资也可以看作衡量开放水平的重要指标之一，因此整体上可以说对外开放水平从某种程度上减小了我国的城乡收入差距。只是在减小居民收入分配失衡的作用上，对外贸易水平的影响效应可能小于外商直接投资的影响效应，从而造成了当两者共同引入时符号的不一致现象。

（7）代表政府行为或干预经济程度的变量 $bzczh$ 的回归系数为 0.877，在 5%的水平上显著，这说明我国地方政府干预经济的力度过大，越不利于居民收入分配的平衡，同时也反映我国地方政府的支出的增加没有更好地补贴到居民手中，极有可能在考核机制下补贴给了企业，以便于企业的规模扩张和投资增加，我们的研究支持了莫亚林和张志超（2011）的观点。另外，我国政府干预经济具有明显的城市倾向（陆铭和陈钊，2004），因此造成政府的补贴和转移支付多数流向了城镇，从而拉大了城乡间的居民收入分配的不平衡；其次，政府的干预也会在一定程度上造成部分企业的垄断，从而造成垄断企业和非垄断企业员工间的收入的差距，进而拉大了居民间的收入分配的不平衡。

总体上说，引入控制量后的研究还是相当有意义的，不仅增强了本章研究的稳健性和准确性，而且其中也蕴含着有益的政策建议，如继续引进外商投资、改善贸易结构、调整产业结构提升人力资本的利用效率等都有利于改善居民收入分配失衡。

5.3.2 资本价格扭曲对我国收入分配失衡的影响

从第 3 章我们知道，资本价格扭曲和劳动价格扭曲两者的波动趋势和大小是不一致的，因此本小节和下一小节将对二者对我国收入分配失衡的影响进行研究。在这里我们利用两阶段系统 GMM 和差分 GMM 估计方法，并引入控制变量，以增强我们研究的准确和稳健性，估计结果见表 5-3。

表 5-3　　　　　资本和劳动价格扭曲对我国收入失衡的估计结果

	资本价格扭曲回归结果				劳动价格扭曲回归结果		
估计形式	模型 9	模型 10	模型 11	估计形式	模型 12	模型 13	模型 14
	SYS-GMM	SYS-GMM	Diff-GMM		SYS-GMM	SYS-GMM	Diff-GMM
$L1.cxcj$	0.836*** (285.7)	0.869*** (26.39)	0.806*** (17.77)	$L1.cxcj$	0.818*** (139.19)	0.866*** (23.71)	0.856*** (38.91)
$distK$	0.010*** (5.3)	0.033*** (5.19)	0.032*** (5.38)	$distL$	0.318*** (8.23)	0.108** (1.95)	0.167*** (2.79)
				$distLsq$	-0.025*** (-7.44)	-0.007* (-1.77)	-0.012*** (-2.43)
rjy		1.767*** (3.07)	1.853*** (3.01)	rjy		1.37** (2.2)	0.902** (2.23)
$rjysq$		-0.109*** (-3.2)	-0.116*** (-3.19)	$rjysq$		-0.084** (-2.27)	-0.057** (-2.36)

第 5 章　要素价格扭曲与我国居民收入分配失衡

续表

	资本价格扭曲回归结果				劳动价格扭曲回归结果		
估计形式	模型 9 SYS-GMM	模型 10 SYS-GMM	模型 11 Diff-GMM	估计形式	模型 12 SYS-GMM	模型 13 SYS-GMM	模型 14 Diff-GMM
finance		0.027** (2.36)	0.045*** (3.44)	finance		0.048*** (3.81)	0.028** (1.97)
lnjy		0.071 (0.39)	0.085 (0.43)	lnjy		-0.32 (-1.41)	-0.125 (-0.59)
ersancy		0.209*** (4.99)	0.357*** (7.05)	ersancy		0.192*** (3.45)	0.27*** (4.77)
jye		-0.094* (-1.77)	-0.284* (-1.79)	jye		-0.096 (-0.73)	-0.708 (-1.49)
x		0.034 (0.71)	0.391*** (2.94)	x		0.046 (0.93)	0.278*** (3.4)
bzfdi		-1.985*** (-4.03)	-0.540 (-0.65)	bzfdi		-1.386** (-2.16)	-0.589 (-1.31)
bzczh		0.932** (2.09)	1.734*** (3.19)	bzczh		1.249*** (2.51)	1.830*** (5.47)
_cons	0.419*** (20.5)	-6.566*** (-2.75)	-5.773* (-1.94)	_cons	-0.334*** (-3.25)	-4.345 (-1.5)	1.268 (0.35)
AR1-检验	-3.657 [0.000]	-3.909 [0.000]	-3.841 [0.000]	AR1-检验	-3.621 [0.000]	-3.956 [0.000]	-3.731 [0.000]
AR2-检验	-0.493 [0.621]	-0.403 [0.687]	-0.379 [0.704]	AR2-检验	-0.855 [0.392]	-0.787 [0.431]	-0.824 [0.409]
Sargan 检验	28.73 [0.925]	26.72 [0.958]	26.452 [0.151]	Sargan 检验	28.627 [0.999]	26.287 [0.963]	26.804 [0.141]
观测值	638	638	609	观测值	638	638	609
省个数	29	29	29	省个数	29	29	29

注：(1) Diff-GMM 代表两阶段差分广义矩估计模型，SYS-GMM 代表两阶段系统广义矩估计；(2) 圆括号里的数据为估计系数的 t 值，方括号里数据为统计量的 p 值；(3) L1.cxcj 代表我国收入分配失衡变量 cxcj 的滞后一期，rjysq、distLsq 分别代表变量 rjy 和 distL 的平方变量；(4) *** 表示在 1% 水平上显著，** 表示在 5% 水平上显著，* 表示在 10% 水平上显著。

表 5-3 中模型 9 是未加入控制变量的 SYS-GMM 估计结果，模型 10 和模型 11 是加入控制变量后的系统 GMM 和差分 GMM 估计结果，从三个回归模型可以

看出，资本价格扭曲对对城乡收入差距的影响始终为正，而且在 1% 水平上显著，另外在加入控制变量后资本价格扭曲的影响效应变大了。对比分析差分 GMM 估计结果可看出，模型 10 和模型 11 中的核心变量和控制变量的回归系数的符号是一致的，多数在统计上显著，进一步表明回归结果的稳健性。通过使用 Arellano – Bond 统计量对三个模型 GMM 估计中的扰动项进行自相关性检验，AR (1) 和 AR (2) 的检验结果显示，三个模型扰动项都存在一阶自相关，但是都不存在二阶自相关，说明模型的误差项都不是序列相关的，我们可以使用系统 GMM 和差分 GMM 估计方法。为了检验 GMM 估计中工具变量的过度识别问题，我们使用了 Sargan 检验方法，从表 5 – 3 中可看出，三个模型的 Sargan 检验的 p 值分别为 0.925、0.958、0.151，都大于 0.1，说明我们不能拒绝"所有工具变量均有效"的原假设。综上可以说我们设定的模型是有效和稳健的，本部分将以模型 10 为基准模型进行讨论分析。

首先，我们分析核心解释变量资本价格扭曲 $distK$ 的估计结果，从表 5 – 3 中的模型 10 可以看出，$distK$ 的估计系数为 0.033，并且在 1% 的置信水平上显著，这说明资本价格扭曲显著扩大了居民间的收入分配失衡。出现这一现象可能是由于在资本价格扭曲和资本市场不发达的情况下，企业和投资者更有可能通过借贷等方式进行大规模的投资生产，通过走资本密集型而不是根据我国的要素禀赋情况走劳动密集型的发展道路，更不是技术进步型的集约化生产。具体来说一是当前我国资本市场不发达，特别表现在直接融资渠道方向，这就迫使很多企业（特别是中小民营企业）得不到贷款，从而造成技术不能跟进，整体效率不能达到应有的水平，不利于这些企业劳动力工资水平的上升；二是资本市场不发达也造成居民的投资渠道较少，而且我国的股市长期不振且政策性明显，造成大家只好把仅有的剩余存入银行，银行在政府的干预下，造成资本价格较低。总之资本价格扭曲扩大了我国居民收入分配间的差距，也进一步验证了我们在 3.2 节提出的命题 3.2。

其次，我们通过对比分析表 5 – 2 中的模型 7 和表 5 – 3 中的模型 10 可以看出，模型 10 中被解释变量的滞后一期 $L1.cxcj$ 估计系数符号同模型 7 中是一致的，且也在 1% 水平上显著，这进一步说明居民收入分配失衡具有强烈惯性，当期的收入分配失衡恶化会加剧下一期的分配失衡问题。

最后，针对控制变量可以看出：(1) 模型 10 中针对经济发展变量的回归结果的系数符号同模型 7 也是一致的，这也进一步验证了经济发展同居民收入分配之间的库兹涅茨效应。(2) 控制变量中：代表金融发展的变量 $finance$、代表人力资本水平的变量 lnjy、代表劳动力人数的变量 jye、代表外商投资水平的变量 bzfdi 和代表政府行为的变量 bzczh 的估计系数同模型 7 中的估计结果的符号是一致的，且模型 10 中估计结果也是显著的，这也进一步验证了金融发展、人力资本水平上升、外商直接投资和政府的干预是当前我国居民收入分配失衡的重要原因之一，然而我们也发现模型 10 中代表开放水平的变量 x 的估计系数虽然在符号上同模型 7 中一致，但是模型 10 中 x 的估计结果是不显著的。(3) 在模型 10 中我们引入一个新的控制变量，即代表产业结构的变量 ersancy，其估计系数为 0.209，在 1% 水平上显著，这说明产业结构水平的上升不仅没有缓解居民间的分配失衡，而且有加剧这一现象的效应。我们认为当前我国产业结构水平的上升，在质量上和对就业人员的吸纳上都还是较低的，而且第三产业内部企业间的差距也是很大，比如我国的金融行业，而相对应的餐饮等服务行业的就业人员无论是人力资本水平还是工资水平都是较低，从而造成了居民间收入分配差距的拉大。另一方面，随着我国产业结构的升级，特别是伴随第三产业增加值的上升，并没有相应增加对劳动力的吸纳，反倒是产业结构的升级造成了第二产业的萎缩，造成了我国大量的人力资本水平较低的劳动力在产业升级后失去了原来的工作机会，或者面临较低的工资水平，相反能够提升自身技术和能力水平的个人则极有可能在产业结构升级后找到更好的就业机会和更高的工资水平，从加大了居民间的收入分配不平衡。

5.3.3 劳动价格扭曲对我国收入分配失衡的影响

为了进一步深入分析价格扭曲同居民收入分配失衡之间的关系，在本小节我们在承接前文分析的基础上，对本章设定的基准模型 [式 (7.4)]，利用两阶段 SYS–GMM 和两阶段 Diff–GMM 方法实证分析劳动价格扭曲同居民收入分配失衡之间的关系，估计结果见表 5–3。

在表 5–3 中模型 12 是未加入控制变量的 SYS–GMM 估计结果，模型 13 和模型 14 分别是加入控制变量后的系统 GMM 和差分 GMM 估计结果，劳动价格扭曲同居民收入分配失衡之间呈非线性关系，而且都是显著的。针对模型 12～模型 14，我们进行了扰动项序列相关检验和工具变量过度识别检验，一是从 Sargan 检验的估计结果来看，三个模型的 Sargan 检验的 p 值分别为 0.999、0.963 和 0.141，都大于 0.1，说明我们可以接受"所有工具变量都有效"的原假设；二是从 Arellano–Bond 统计量检验结果可以看出，AR (1) 检验结果的 p 值均为 0.000，AR (2) 检验结果的 p 值分别为 0.392、0.431 和 0.409，这表明模型的扰动项存在一阶序列相关,但不存在二阶序列相关,说明模型的误差项都不是序列相关的,我们可以使用系统 GMM 和差分 GMM 估计方法。鲁德曼(2006)研究指出系统 GMM 估计方法是更有效的方法,它可以更好地获得变量的水平和差分变化的信息。因此我们在综合对比系统 GMM 和差分 GMM 的情况下,把模型 13 作为基准回归模型进行结论分析。

首先,我们最关注的是核心解释变量劳动价格扭曲的估计结果,从表 5-3 中的模型 13 中看出,劳动价格扭曲同居民收入分配失衡之间呈非线性关系,其中劳动价格扭曲 distL 的估计系数为 0.108,劳动价格扭曲的平方项的回归系数为 -0.007,且分别在 5% 和 10% 置信水平上显著,另外二者在没有引入控制变量的情况下都是在 1% 水平上显著。回归结果说明劳动价格扭曲同居民收入分配失衡之间呈倒"U"型关系,即伴随劳动价格扭曲的增加,居民收入分配失衡经历先扩大而后缩小的趋势,其实这是一个很不正常的现象,特别是劳动价格扭曲达到了一个极端后竟然会减少居民收入分配失衡,但是这个不正常的现象却是出现了。本章对出现倒"U"型现象的解释如下:一是对这一现象的直观解释。当劳动价格扭曲在相对较低水平的上升时,不同行业间、不同企业间、不同区域间的特征等决定了行业间、企业间、区域间的扭曲会是不同的,这会拉大扭曲相对较低的行业、企业、区域同扭曲相对较高的行业、企业、区域的工资水平,进而拉大整个居民间的收入分配失衡,但是劳动价格扭曲达到一定程度后,说明整个行业、企业或区域间的扭曲在趋于相同,进而引起行业间或企业间工资水平的趋同,从而有利于降低居民间的收入分配不平衡。二是结合我国的情况看,20 世纪 90 年代以来我国各省份的劳动价格扭曲情况是趋于上升的,同时同期的劳动力就业人数整体上也是上升的,仅在 2004 年后才经常出现"民工荒"这一现象,而且我国在 2004 年之前劳动力人口的流动和户籍限制是非常严格的,时至今日农村户籍甚至比城市户籍都难办理。因此我们认为 1990~2004 年左右的这一段时期,由于农村劳动力流入城市人口规模较小,针对劳动价格的扭曲更多体现在城市,从而降低了城乡之间的居民分配失衡;在"民工荒"出现后,国家逐步放开了劳动力流动限制,使得大量富余的农村劳动力流入城镇,因而造成城镇的工资水平并没有因"民工荒"而出现大幅度上涨,反倒是劳动价格扭曲进一步加大了,而农村劳动力的大量进城从某种程度上又会提高他们统计上的农村家庭人均纯收入水平,从而减小了居民间的收入分配失衡。这也进一步证明了我们在第 3 章提出的命题 3.3 是正确的。

其次,针对被解释变量居民收入分配失衡 $cxcj$ 滞后一期的估计结果,模型 13

同模型 10 和模型 7 是一致的，在这里也是显著的，因此不再赘述。

最后，模型 13 中针对控制变量的估计结果，同模型 10 和模型 7 也是一致的，对这些控制变量的解释也是一致的，因此在这里我们不再赘述。总的来说，模型 13 针对控制变量的回归，进一步验证了前面分析的正确性和稳健性，也说明我们引入控制变量是必要的。

5.4 本章小结

本章基于我国 1990~2012 年省级面板数据，利用动态面板 GMM 估计方法，在引入相关控制变量后，实证分析了总体要素价格扭曲、资本价格扭曲和劳动价格扭曲同居民收入分配失衡问题之间的关系。第 3 章的理论分析表明，总体要素价格扭曲、资本价格扭曲和劳动价格扭曲同居民收入分配失衡间存在密切关系，并根据分析提出相应命题，我们本章的实证结果进一步验证了第 3 章理论分析和命题的正确性。具体来看本章结论主要体现在：

首先，在样本期间内，总要素价格扭曲和资本价格扭曲同我国居民收入分配失衡之间都是正向关系，即总要素价格扭曲和资本价格扭曲自 20 世纪 90 年代以来加剧了我国居民间收入分配的不平衡。但是我们也发现劳动价格扭曲同居民收入分配失衡之间则呈非线性关，遵循倒 "U" 型演化曲线，即伴随劳动价格扭曲的上升，居民收入分配失衡经历了先拉大后缩小的过程。回顾结果印证了我国的经济现实，近年来伴随要素价格扭曲的增加，我国各省居民收入分配失衡问题越来越严峻，我国基尼系数早已突破 0.4 的国际公认警戒线，城乡收入差距也长期维持在 2 以上。另外我们在引入控制变量后，核心解释变量的估计系数的符号并没有变化，而且使用两阶段 SYS - GMM 和 Diff - GMM 估计方法的估计结果在回归系数符号上是一致的，也是显著的，这说明模型设定具有合理性和稳健性，研究结论也是可信的。

其次，对控制变量加以解释也是有益的，控制变量回归结果表明经济发展同居民收入分配失衡之间存在库兹涅茨效应，遵循倒 "U" 型演化趋势；金融发展、人力资本水平、产业结构水平和政府干预加剧了我国的居民收入分配失衡，而且就业人数上升则缓解了收入分配的失衡；有意思的是当仅引入开放水平变量时，开放水平会减小收入分配失衡，但是当同时引入开放水平和外商直接投资水平时，开放水平影响效应发生变化，变为加剧了收入分配失衡，而引进外商投资则有利于缓解收入分配失衡。这其中也蕴含着相应的政策含义，如继续引进外商投资，改善贸易结构，调整产业结构提升人力资本的利用效率等都有利于改善居民收入分配失衡。

基于本章分析结果，当前我国要素价格扭曲对居民收入分配失衡存在负向影响效应，扭曲的加剧不仅没有改善我国的收入不平衡现象，反而恶化了收入分配的不平衡现象。我国政府在已经确定的"十四五"规划纲要中明确提出要"增进民生福祉，优化收入分配结构，自觉主动缩小地区、城乡和收入差距"，本章的研究为之提供了直接的理论支持和可能政策方向：一是推进我国资本市场化，减少政府干预，增强市场的直接融资渠道和投资渠道，这一方面可以提高资本的配置效率，另一方面可以增加居民个人的投资收益；二是推动劳动市场化，特别是放开城乡户籍和劳动力流动限制，有利于劳动力流向效率和工资水平更好的地区，从而缩小居民间的收入分配不平衡；三是政府转移性支付要有针对性，而不是扭曲下的更不公平，应增加对低收入者的转移支付。总之我国要加快推进要素市场化，通过市场来配置生产要素，不仅有利于提高生产要素的配置效率，而且有利于生产要素在不同企业间、不同行业间、不同区域间的收益趋同化，从而提高总体的收入水平并减小居民收入分配的不平衡。

第6章 要素价格扭曲与我国要素收入分配失衡
——基于省级动态面板 GMM 的分析

6.1 问题的提出

针对收入分配的研究有两个方面：要素收入分配和居民收入分配，二者之间存在密切的关系。据多迪和佩纳洛萨（Daudey and Garcia Penalosa, 2007）研究，高收入者和低收入者的收入来源不同，前者主要来源于资本要素收入，后者主要来源于劳动要素工资收入，因此劳动收入份额占比越小，则越不利于居民间收入分配的平衡。郭庆旺和吕冰洋（2012）针对中国问题研究也认为，我国劳动收入占比的不断下降是居民间收入分配失衡加剧的重要原因。因此若能针对要素收入分配问题进行翔实的分析，不仅能够承接上一章节的分析，加深对居民收入分配失衡的理解，而且有利于我们针对当前存在的收入分配失衡现象有更全面和系统的理解分析。本章正是基于这一点，从要素价格扭曲角度出发，考察分析要素价格扭曲对要素收入分配失衡的影响，有利于全面分析要素扭曲在收入分配失衡中的作用。

改革开放 40 多年来，我国取得了举世瞩目的经济增长。然而自 20 世纪 90 年代以来，我国劳动收入占比呈不断下降的趋势，总体上劳动者的工资收入不仅低于经济增长速度，而且低于劳动的生产率，依靠劳动要素收入的人员从经济增长中分享到的蛋糕越来越小，也就是说经济的发展并没有带来分配的趋同或收敛。收入分配一直是经济研究的热点和政策制定的核心，然而自从要素收入分配是长期不变的典型事实这一问题被卡尔多（Kaldor, 1961）归纳为 6 个经济增长的"典型事实"以来，对这一问题的研究较少。自 20 世纪 70 年代来欧洲等发达国家要素收入分配经历了先升后降（Bertoli and Farina, 2008），背离的长久以来的典型事实，使得对收入分配问题的研究再次成为了热点。从国外研究文献看，克鲁格（Krueger，1999）和戈林（Gollin，2002）研究了劳动收入占比的测算和分解。布兰查德等（Blanchard，1997）研究了劳动力市场供求波动对劳动收入占比的影响，阿奇马格鲁（Acemolglu，2003）则从要素偏向型技术进步角度进行了分析。巴尔塔吉和里奇（Baltagi and Rich，2005）研究认为技术进步偏向技能劳动力，克朗普（Klump，2007）则认为技术进步偏向资本。另外有学者从产业结构角度（Serres et al.，2002；Morel，2006）、全球化角度（Harrison，2002；Diwan，2000）、税收角度（Lane，1998；De Mooij and Nicodème，2007；Haufleretal，2009）等因素研究了对劳动收入占比的影响。

20世纪90年代以来，我国出现的劳动收入占比不断下降这一现象，吸引了诸多学者对下滑的影响因素和下滑所产生的负面影响进行了相关研究，细分研究文献主要有以下三方面（文献综述具体可参考第2章中"关于我国要素收入分配问题研究"的文献综述内容）：一是测算我国劳动收入占比情况，并研究其波动趋势；二是针对近年来我国劳动收入占比下降这一现象，不少学者结合我国的宏观经济环境或制度变革，利用理论或实证方法多角度研究了造成我国劳动收入分配下降的原因；三是部分学者开始关注我国要素收入分配失衡对经济带来的负面影响效应。

总体上看，现有的研究文献研究对我们理解当前我国要素分配失衡问题提供了有益的佐证，也从不同方面分析了当前要素分配失衡不断加剧的影响，而且就分配失衡对宏观经济的影响也进行了相关方面的分析。可以看出，造成分配失衡的因素是多方面的，而产生的经济后果也是严重的。但是我们认为针对错综复杂且严重的要素收入分配失衡问题，仍然需要从更新的角度进行深度解释，这也是本章研究的出发点。本章旨在从要素价格扭曲角度解释我国当前存在的要素收入分配失衡问题。事实上从现有文献也可以看到一些间接分析，例如周明海和肖文（2010b）研究认为国企改革带来的经济效率的快速上升导致了劳动收入份额的下降，地方政府的"引资竞争"既吸引了新的高效率的外来企业，也有利于提升当地企业的生产效率，使得要素分配偏离劳动。这同当前的经济现实也是比较符合的。我国自1990年以来劳动力的边际产出是逐年上升的，但是这种效率的快速上升并没有带来工资水平的上升，从而导致了劳动价格扭曲的加剧，进一步造成了劳动收入占比不断下降的局面。从我们所阅读的文献来看，有关要素价格扭曲与要素收入分配失衡的研究文献较欠缺，未能就其进行较全面的分析。如果说要素价格扭曲影响了当前严重的要素收入分配失衡，那么从这一角度进行分析，则不仅有利于加深我们对要素收入分配失衡的变动及其原因的理解，还有利于我们更深层次地理解前面分析的居民收入分配失衡问题。因此，我们将立足于中国特有的宏观经济和制度变迁现实，从要素价格扭曲角度考察分析要素收入分配失衡问题。另外，我们还将考察资本价格扭曲和劳动价格扭曲对这一问题的影响，并对两者影响进行对比分析，从而为要素收入分配失衡问题提供重要的文献支持。

本章余下部分安排如下：6.2 节是计量模型的设定，变量说明和描述性分析；6.3 节是实证结果和分析，主要基于我国 1990~2012 年省级面板数据，并利用动态面板 GMM 方法实证分析要素价格扭曲、资本扭曲和劳动扭曲同要素收入分配失衡之间的关系，但是我们会重点考察劳动价格扭曲的影响；6.4 节是本章小结，并根据结论提出政策建议。

6.2 计量模型的设定和变量说明

6.2.1 计量模型的设定和估计方法说明

本章在分析文献基础上，并结合第 3 章的理论分析，构建三个计量模型以更好地实证分析要素价格扭曲同要素收入分配失衡间的关系，即：

$$ldbc_{it} = \alpha_0 + \alpha_1 dist_{it} + \alpha_2 X_{it} + \mu_i + \varepsilon_{it} \tag{6.1}$$

$$ldbc_{it} = \alpha_0 + \alpha_1 distK_{it} + \alpha_2 X_{it} + \mu_i + \varepsilon_{it} \tag{6.2}$$

$$ldbc_{it} = \alpha_0 + \alpha_1 distL_{it} + \alpha_2 X_{it} + \mu_i + \varepsilon_{it} \tag{6.3}$$

其中，下标 i 和 t 分别表示省份和时间；$ldbc_{it}$ 表示劳动报酬占比，用来反映中国各省区的居民收入分配失衡问题；X_{it} 表示影响我国各省份收入分配失衡问题的控制变量；μ_i 表示省份固定效应，反映不随时间变化的省份特定因素；ε_{it} 表示未被观测到的随机误差项。以上计量模型将作为本章的基准模型。

为了更好地揭示宏观经济关系存在的内生动态属性，以及克服宏观经济变量间可能存在的内生关联，从而使得我们的估计结果更加有效稳健。在这里我们将借鉴阿雷亚诺和邦德（1991）的做法，使用动态面板模型进行估计分析，即在式（6.1）、式（6.2）和式（6.3）引入被解释变量的滞后项，可变为：

$$ldbc_{it} = \alpha cxcj_{i,t-1} + \alpha_1 dist_{it} + \alpha_2 X_{it} + \mu_i + \varepsilon_{it} \tag{6.4}$$

$$ldbc_{it} = \alpha cxcj_{i,t-1} + \alpha_1 distK_{it} + \alpha_2 X_{it} + \mu_i + \varepsilon_{it} \tag{6.5}$$

$$ldbc_{it} = \alpha cxcj_{i,t-1} + \alpha_1 distL_{it} + \alpha_2 X_{it} + \mu_i + \varepsilon_{it} \tag{6.6}$$

针对动态面板模型的估计方法有差分广义矩估计方法和系统广义矩估计方法。布伦德尔与邦德（1998）认为，使用系统广义矩估计方法能够提高模型参数估计的有效性，能够克服自变量滞后项与自变量差分滞后项因相关性不高而导致的弱工具变量问题。另外，鲁德曼（Roodman，2006）研究指出系统 – GMM 估计方法是更有效的，它综合考虑了变量的差分变化和水平变化的信息。一般来说，两阶段（two-step）估计优于一阶段（one-step）估计。因此，本章的回归过程主要使用两阶段系统 GMM 估计方法，同时为了做一个比照，我们也将给出两阶段差分 GMM 估计结果。

另外，在计量分析中，广义矩估计还需要进行两个检验，一是采用 Sargan 检验识别工具变量的有效性；二是使用 Arellano – Bond 统计量来检验随机误差项 ε_{it} 的自相关状态，即检验广义面板矩估计中差分残差项是否存在二阶序列相关。

6.2.2 变量的选择和说明

（1）要素收入分配失衡，其作为被解释变量，用 ldbc 表示。为了更好地刻画和研究要素收入分配失衡，借鉴当前多数学者针对要素收入分配的方法，使用劳动收入占比来衡量我国要素收入分配失衡，测算方法为各省份收入法计算中劳动者报酬占其生产总值的比重。根据我国当前要素分配情况，认为当劳动报酬占比上升表示要素分配失衡缓解，反之则表示加剧。钱震杰（2008）曾使用资金流量表、投入产出表和收入法计算的国内生产总值三个数据测算了我国要素分配情况，认为三种数据集测算结果差异不大，均能够正确反映出各要素分配份额的变动趋势，但是收入法计算的国内生产总值数据更全面、方便。使用收入法计算的生产总值测算劳动报酬占比符合国际惯例，且具有时间连续性和时间跨度长的特点（李稻葵，2009；白重恩和钱震杰，2009；周明海，2010a）。另外为了增强本章分析的稳健性，我们还借鉴罗长远和张军（2009）的做法，把 ldbc 定义为劳动报酬占从国内生产总值中扣除生产税净额后的比重，然后进行估计，并给出了相应估计结果。数据来源于国家统计局网站分省年度数据和《中国统计年鉴》。

（2）核心解释变量也是我们关注的。本章核心解释变量是总要素价格扭曲（dist）、资本价格扭曲（distK）和劳动价格扭曲（distL），具体计算方式和意义见第 4 章。根据前面的分析，总要素价格扭曲对我国要素收入分配失衡的影响受资本价格扭曲和劳动价格扭曲的影响，而二者对要素收入分配失衡的影响相反，在此我们不对其影响的方向进行预测。根据前面分析，资本价格扭曲有利于缓解我国要素收入分配失衡，预期符号为正；劳动价格扭曲加剧了我国收入分配失衡，预期符号为负。

其他影响要素收入分配失衡的控制变量，主要包括：

(1) 资本深化，用 $\ln ky$ 表示，也是比较关注的控制变量，借鉴罗长远和张军 (2009) 及郭庆旺和吕冰洋 (2011) 的做法，用资本与产出的比值 (即 1990 年价格计算的各省实际资本存量与实际生产总值作比值) 来衡量，并取自然对数。根据资本深化的回归系数符号，可以推断出劳动与资本的关系。如果资本深化缓解了分配失衡，意味着提高了劳动收入份额，此时劳动与资本是互补的；反之如果资本和劳动是替代关系，则资本深化会加剧要素分配失衡，并降低劳动收入份额。根据目前国内研究看，结论并不一致，如罗长远和张军 (2009) 研究认为资本深化有利于增加劳动收入份额，周明海等 (2010) 和郭庆旺等 (2011) 研究也认同这一结论；白重恩和钱震杰 (2010) 研究认为这一影响不显著；魏下海和董志强等 (2013) 基于全民企业调查数据研究发现，金融发展不利于民营企业劳动报酬比例的上升，这说明如果我国未来金融发展能够向民营企业倾斜，也许会不利于要素收入分配的平衡，但会提高资本配置效率。考虑到我国的经济发展阶段，大规模的投资扩张，有利于增加就业，二者之间更应可能是互补关系，因此预测符号为正。

(2) 金融发展水平，用 $finance$ 表示。度量金融发展水平的诸多指标大致可分为三类：一是衡量证券市场发展水平或资本市场直接融资水平，用股票成交额/国内生产总值来表示；二是衡量金融信贷市场发展程度的指标，如麦氏指标、广义货币供给 M2 占 GDP 的比率和戈德斯密斯 (Goldsmith, 1969) 提出的金融相关比率，即全部金融资产占 GDP 的比率；三是使用樊纲、王小鲁和朱恒鹏编写的《中国市场化指数——各地区市场化相对进程 2011 年报告》中的金融市场化发育程度指数，包括金融业竞争程度和信贷资金分配市场化发育程度，根据其定义，该指数越大表示金融市场化发育程度越好，也就意味着金融发展水平越高。然而在我们所研究的时间区间内，由于数据资料欠缺，无法获得各省份的金融资产数据，以及各省份的广义货币供给 M2 数据，而樊纲等金融市场化发育程度指数也仅提供 1999 年以来的数据。另外我国证券市场尚不完善，一方面我国证券市场指标不能充分反映我国金融市场发展的水平，另一方面我各省份证券市场相关数据也欠缺。因此遵照国内多数研究做法，本章使用各省份金融机构人民币存贷款余额与国内生产总值的比值来衡量金融发展水平。数据来源于历年各省统计年鉴或《新中国六十年统计年鉴》。

(3) 外商直接投资，用 $bzfdi$ 表示，选取各省份实际利用外商直接投资额与国内生产总值的比值来衡量外商投资水平，其中外商直接投资额用当年人民币平均汇率折算成人民币。据郭庆旺和吕冰洋（2012）研究认为，fdi 有利于缓解要素收入分配失衡。本章预期 $bzfdi$ 的系数符号为正。

（4）对外开放水平，用 x 表示，选取各省份的进出口贸易总额与生产总值的比值来衡量，并使用当年平均汇率水平数据将进出额折算为人民币计算。哈里森（Harrison，2002）利用 1960~1996 年全球 100 多个国家的数据研究发现，全球化过程中，由于资本和劳动间的"谈判能力"的不对等造成全球化对劳动收入占比具有负向效应，古斯纳（Guscina，2006）研究也认同这点。据经典的 Stolper - Samuelson 定理，对外开放能够提高发展中国家相对充裕的非熟练劳动力的报酬，有利于吸收我国大量剩余劳动力的就业，使要素收入分配过程向劳动倾斜。

（5）就业人员增长率，用 ld 表示，选取各省份每年劳动力就业人数的增长率来衡量。我国长期存在城乡二元经济结构，在推进城乡一体化过程中，由于大量农村富余劳动力进入城市，一方面造成城市就业人员的工资水平上升缓慢，另一方面农村进城就业人员的获得工资会远高于在农村获得收入。因此劳动力就业人员的增长对要素收入分配的影响有待验证和分析。

（6）经济发展水平，用 rjy 表示，选取各省份人均生产总值来衡量一个地区经济发展情况，并以 1990 年价格为基期进行了调整，然后取对数值。一般来说一个地区经济发展水平越高，其收入水平也会越高，那么收入水平的上升能够跟上经济发展的上升吗？是滞后还是超前都有待验证。李稻葵和刘霖林等（2009）基于二元经济理论，并构建了一个劳动力转移的数理模型，分析认为在劳动力转移过程中劳动份额占比同经济发展之间呈"U"型关系，并用跨国数据进行了验证，支出转折点在人均 GDP 为 6000 美元时。而郭庆旺等（2012）研究了我国 1994 年以来的情况，认为当前阶段我国经济发展不利于劳动报酬的上升，会加剧要素收入分配失衡。

（7）人力资本水平，用 $lnjy$ 表示，本章选择各省份 6 岁及 6 岁以上人口人均受教育水平来衡量，计算方法为：人均受教育年限 = 小学教育人口数 ×6/ 总人口数 + 初中毕业人口数 ×9/ 总人口数 + 高中毕业人口数 ×12/ 总人口数 + 大专以上毕业人口数 ×16/ 总人口数，其中小学教育按 6 年学制算，初中毕业按 3 年学制算，高中教育按 3 年学制算，大专以上人口按平均 4 年学制算。迪万（Diwan，2001）研究了用人均受教育年限衡量的人力资本水平对劳动收入占比的影响，在穷国和富国之间存在差异，即对穷国有负向影响，而对富国具有正向影响。一般来说，一个地区的人力资本水平越高，该地区的学习能力、工作能力也相对较高，有利于吸引外来企业的投资和产业结构的升级，整体工资水平也会上升，增加劳动报酬份额，缓解要素收入分配失衡。因此我们将引入该变量分析我国情况。其中1990~2001年数据来源于陈钊、陆铭等（2004）的估计，2002~2012年数据根据各年的《中国统计年鉴》整理得到。

（8）产业结构，用 ersancy 表示，选取各省份第三产业增加值与第二产业增加值的比值来衡量，比值上升表明产业结构在趋向合理。使用该变量不仅可以更好地反映第二产业和第三产业的增长波动情况，而且可以反映我国各省份的产业结构变迁情况，比单纯使用第二产业增加值或第三产业增加值占生产总值的比值能更好地反映产业结构变动。一般来说产业结构变动会引起全社会的就业结构的变动，而就业结构的变动反过来又会引起劳动力人员的流动以及工资水平的变动。

6.2.3 数据说明和描述性统计分析

基于数据的可得性与一致性，在时间序列选择方面，本章以1990~2012年为样本区间；在截面数据选择上，由于西藏部分数据缺失，未纳入样本范围，澳门地区、台湾地区和香港地区也不在样本内，重庆和四川数据合并在一起，因此样本共涵盖29个省（直辖市、自治区）。另外本章数据如非特别说明，数据均来自历年各省《统计年鉴》和《中国统计年鉴》以及《新中国六十年统计资料汇编》。本章使用 Stata 11.0 软件分析，表6-1给出了本章计量模型中主要变量的描述性统计分析结果。

表6-1　　　　　　　　主要变量的描述性统计分析

变量	平均值	标准差	最小值	最大值	样本值
$dist$	6.426368	1.274177	3.506878	11.04768	667
$distK$	6.928794	1.643177	3.597101	13.35912	667
$distL$	5.0213	1.123274	2.632945	8.447424	667
$lnky$	0.525586	0.282766	-0.20589	1.510765	667
rjy	8.379186	0.821468	6.697034	10.35778	667
$finance$	2.224995	0.804182	1.123815	6.502475	667
$lnjy$	2.01736	0.162224	1.538401	2.471173	667
x	0.309313	0.410178	0.032079	2.258532	667
$bzfdi$	0.032587	0.034921	0.000219	0.242534	667
ld	0.01756	0.028267	-0.16213	0.251962	667
$ersancy$	0.906328	0.369233	0.478283	3.349284	667

另外为了获得较直观的认识，我们利用 Stata 11.0 画出了要素扭曲同要素收入分配失衡之间的散点图，以便于我们对主要变量间的关系获得一个初步的判

断。从图6-1中可以看出要素价格扭曲同要素收入分配失衡之间不存在明显的关系，但是当要素价格扭曲恶化到一定程度后，反倒会促进劳动报酬占比的上升，缓解要素分配失衡。从图6-2看出，样本期间资本扭曲有利于缓解要素收入分配失衡，而从图6-3可以看出劳动扭曲则会加剧要素收入分配失衡。当然散点图仅仅是一个粗略判断，考虑到控制变量的影响以及变量间的相关性等，它们之间的关系还有待商榷，因此我们将根据前文的计量模型作进一步的检验。

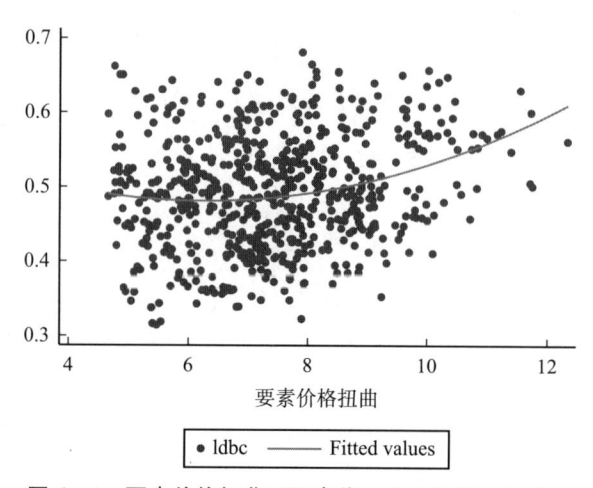

图6-1 要素价格扭曲同要素收入分配失衡间的关系

注：横轴表示要素价格扭曲的程度，数值越大表示扭曲越严重；纵轴 *ldbc* 表示要素收入分配失衡，越小表示失衡越大；Fitted values 表示拟合曲线。

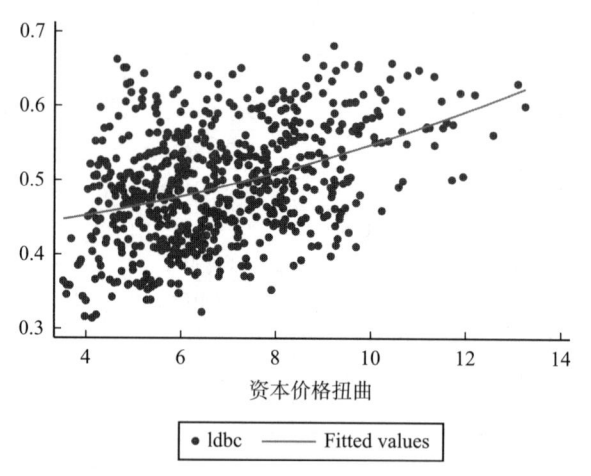

图6-2 资本价格扭曲同要素收入分配失衡间的关系

注：横轴表示资本价格扭曲的程度，数值越大表示扭曲越严重；纵轴 *ldbc* 表示要素收入分配失衡，越小表示失衡越大；Fitted values 表示拟合曲线。

第 6 章 要素价格扭曲与我国要素收入分配失衡

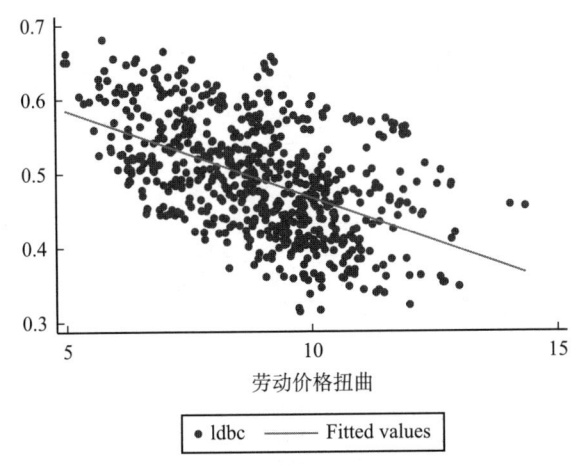

图 6 - 3 劳动价格扭曲同要素收入分配失衡间的关系

注：横轴表示劳动价格扭曲的程度，数值越大表示扭曲越严重；纵轴 ldbc 表示要素收入分配失衡，越小表示失衡越大；Fitted values 表示拟合曲线。

6.3 计量结果与分析

本节基于 1990~2012 年的省级面板数据，并利用两阶段系统 GMM 和差分 GMM 方法估计基准模型式 (6.1)、式 (6.2) 和式 (6.3)，检验要素价格扭曲、资本价格扭曲和劳动价格扭曲与我国要素收入分配失衡问题的关系，并进行翔实系统的讨论和分析。另外，本章使用 Stata 11.0 进行估计。

6.3.1 要素价格扭曲对中国要素分配失衡的影响

首先我们从全国总体层次上考察分析要素价格扭曲对我国要素收入分配失衡问题的影响，在这里，我们使用两阶段系统 GMM 估计方法，并逐步引入控制变量进行回归，以验证核心解释变量要素价格扭曲的稳健性，同时利用两阶段差分 GMM 方法估计作对比分析，估计结果见表 6 - 2。

表 6 - 2   要素价格扭曲对我国收入失衡的估计结果

变量	模型 1 SYS-GMM	模型 2 SYS-GMM	模型 3 SYS-GMM	模型 4 SYS-GMM	模型 5 SYS-GMM	模型 6 SYS-GMM	模型 7 SYS-GMM	模型 8 Diff-GMM
L1. ldbc	0.863*** (219.9)	0.823*** (65.46)	0.861*** (34.12)	0.873*** (29.83)	0.893*** (22.09)	0.877*** (16.14)	0.819*** (12.49)	0.808*** (17.45)

续表

变量	模型1 SYS-GMM	模型2 SYS-GMM	模型3 SYS-GMM	模型4 SYS-GMM	模型5 SYS-GMM	模型6 SYS-GMM	模型7 SYS-GMM	模型8 Diff-GMM
$dist$	-0.010* (-1.7)	-0.009* (-1.67)	-0.015*** (-2.57)	-0.017*** (-3.21)	-0.025*** (-2.7)	-0.023*** (-3.16)	-0.019** (-1.97)	-0.032*** (-3.01)
$distsq$	0.001** (2.22)	0.001** (2.33)	0.001** (2.4)	0.001*** (3.11)	0.002*** (2.7)	0.001*** (2.91)	0.001** (2.06)	0.002*** (2.71)
$\ln ky$		-0.013*** (-4.15)	0.032*** (3.69)	0.041*** (3.75)	0.051*** (3.21)	0.042** (1.94)	0.054** (2.3)	0.063 (1.55)
$finance$			-0.026*** (-8.01)	-0.027*** (-6.65)	-0.030*** (-5.65)	-0.027*** (-4.11)	-0.029*** (-4.52)	-0.048*** (-7.83)
$bpfdi$				0.265*** (4.2)	0.276*** (2.91)	0.186*** (3.45)	0.215*** (3.42)	0.408** (2.39)
ld					-0.149*** (-6.39)	-0.154*** (-6.54)	-0.134*** (-3.23)	-0.083*** (-2.89)
y						0.013** (2.00)	0.019** (2.17)	0.028*** (2.88)
$\ln jy$						-0.087** (-2.24)	-0.149** (-1.99)	-0.167*** (-3.85)
x							-0.007* (-1.76)	-0.055*** (-4.25)
$ersancy$							0.033** (2.47)	0.018** (2.05)
$\_cons$	0.091*** (4.39)	0.112*** (6.85)	0.163*** (7.09)	0.153*** (7.37)	0.173*** (8.27)	0.26*** (3.28)	0.323*** (2.6)	0.408*** (4.47)
AR1-检验	-3.963 [0.000]	-3.942 [0.000]	-3.89 [0.000]	-3.84 [0.000]	-3.843 [0.000]	-3.73 [0.000]	-3.564 [0.000]	-3.673 [0.000]
AR2-检验	-0.94 [0.347]	-0.962 [0.335]	-0.791 [0.428]	-0.800 [0.423]	-0.633 [0.526]	-0.617 [0.537]	-0.577 [0.563]	-0.505 [0.613]
Sargan检验	28.30 [0.933]	28.40 [0.931]	26.74 [0.958]	27.47 [0.947]	26.07 [0.966]	26.02 [0.967]	24.58 [0.98]	23.23 [0.277]
观测值	638	638	638	638	638	638	638	609
省个数	29	29	29	29	29	29	29	29

注：(1) Diff-GMM 代表两阶段差分广义矩估计模型，SYS-GMM 代表两阶段系统广义矩估计；(2) 圆括号里的数据为估计系数的 t 值，方括号里数据为统计量的 p 值；(3) $L1.ldbc$ 代表我国要素分配失衡变量 $ldbc$ 的滞后一期；(4) *** 表示在1%水平上显著，** 表示在5%水平上显著，* 表示在10%水平上显著。

第6章　要素价格扭曲与我国要素收入分配失衡

表6-2中模型1~模型7是两阶段系统GMM估计，模型8是两阶段差分GMM估计结果。从系统GMM估计结果看，通过逐步引入其他控制变量，要素价格扭曲与要素收入分配失衡之间呈"U"型关系，且始终是显著的。另外从模型7和模型8的回归结果也可以看出，估计系数的符号方向是一致的，进一步说明我们的回归结果是稳健的。在两阶段GMM估计中，一是利用Sargan检验工具变量过度识别问题，检验结果表明我们不能拒绝"所有工具变量均有效"的原假设，从表6-2中也可以看出Sargan检验的p值都大于0.1；二是使用Arellano-Bond统计量检验广义矩估计中扰动项序列相关问题，二阶序列相关AR（2）检验结果表明，扰动项差分存在一阶自相关，但不存在二阶自相关，支持估计方程的扰动项不存在二阶自相关的假设。综合Sargan检验和Arellano-Bond统计量检验结果，我们设定的模型是合理的，工具变量也是有效的。据阿雷亚诺和博韦尔（1995）和布伦德尔（1998）及鲁德曼（Roodman，2006）研究认为使用系统广义据估计GMM方法可以增强工具变量的有效性，也能获取更多的信息。因此本章结合上面的分析，将选择模型7作为基准模型，进行实证结果的分析和讨论。

首先，我们最关心本章核心解释变量要素价格扭曲的估计情况。从表6-2中模型1可看出，要素价格扭曲同我国要素收入分配失衡呈"U"型关系且显著，随后我们逐步加入控制变量进行两阶段系统GMM估计，这一关系的显著性仍然不变，而且差分GMM估计结果也支持了系统GMM的估计结果，说明估计结果是稳健的，模型是合理的。二者之间的"U"型关系说明，在样本期间随着要素价格扭曲程度的不断攀升，劳动报酬份额经历了先下降后上升的过程，相应的要素收入分配失衡经历了先恶化而后缓解的过程。另外我们从要素价格扭曲的估计系数看，$dist$的系数为-0.023，要素价格扭曲的平方项$distsq$的估计系数为0.001，且都是显著的，两个估计系数都不大，特别是平方项上看系数更小，仅为0.001，这说明要素价格扭曲同要素收入分配失衡间的"U"型关系是很平滑的，从图6-1散点图也可以看出，大多数散点都分布在"U"型曲线的底部，这也间接反映全国省级层面，总的要素价格扭曲对要素收入分配失衡的影响是不明显的，或者说影响效应是很小的，不是当前我国要素收入分配失衡不断加剧的主要原因。那么又是什么原因引起的呢？这似乎也同我们通常的认识相违背。

本章对这一问题解释：一是从表6-3和表6-4中也可以看出，资本价格扭曲和劳动价格扭曲对要素收入分配失衡的影响方向是截然相反的，而我们的总的要素价格扭曲又是对资本价格扭曲和劳动价格扭曲加权得到的，又由于资本的产出弹性较大，从而造成在总要素价格扭曲计算过程中，资本价格扭曲所占的权重较大，进而使得总的要素价格扭曲产生的影响效应倾向于资本价格扭曲的影响效应的结果。二是受我们所选择样本和时间跨度的影响，从1990~2012年我国经历多次经济变革和统计口径变化，如1993年的经济改革，1998年的国有企业改革，及2001年加入世界贸易组织和2008年的国际金融危机，这些不仅对我国要素价格扭曲产生影响，而且对我国的宏观经济和经济结构也产生影响。比如为应对2008年国际金融危机，我国中央政府推出4万亿计划，地方政府配套投资更是远高于此，这不仅迅速影响了要素价格扭曲程度，而且由于投资吸引了大量的就业，劳动报酬占比也有所上升，要素分配失衡问题有所缓解。但是在1993年的改革时间点上可以看出，1990~1993年要素价格扭曲上升，此时劳动报酬占比却是下降的。总之我国要素价格扭曲和要素收入分配20多年来在不断波动，从而出现了二者之间的这种"U"型关系和弱影响效应。

其次，从表6-2中可以看出，被解释变量的滞后一期以及所引入的控制变量对要素收入分配失衡都有所影响，是当前要素收入分配失衡的众多原因之一。在这里不再分析，6.3.3小节将加以翔实和系统的分析。

6.3.2 资本价格扭曲对中国要素分配失衡的影响

从图6-2和图6-3看出资本价格扭曲和劳动价格扭曲同与我国要素收入分配失衡间的关系是有差异的，而且二者同总的要素价格扭曲的影响效应也是有差异的，因此有必要作进一步的分析研究，我们将在本小节和下一小节分析二者对要素收入分配失衡问题的影响，并作对比分析。在这里我们利用两阶段系统GMM和差分GMM估计方法，并引入控制变量，而且控制变量的引入采用逐步加入方法，以增强我们研究的准确和稳健性，估计结果见表6-3。

表6-3　　　　　　　资本价格扭曲对我国要素失衡的估计结果

估计形式	模型9 SYS-GMM	模型10 SYS-GMM	模型11 SYS-GMM	模型12 SYS-GMM	模型13 SYS-GMM	模型14 SYS-GMM	模型15 SYS-GMM	模型16 Diff-GMM
L1.ldbc	0.847*** (101.84)	0.811*** (60.99)	0.834*** (51.3)	0.814*** (44.7)	0.782*** (62.73)	0.791*** (39.54)	0.811*** (24.31)	0.794*** (19.45)
distK	0.003*** (5.56)	0.004*** (6.39)	0.002** (2.31)	0.002** (2.19)	0.003*** (4.02)	0.003*** (2.83)	0.003** (2.4)	0.001** (1.87)
lnky		-0.012*** (-4.73)	0.019*** (4.51)	0.018** (2.12)		0.021*** (2.77)	0.032*** (3.04)	0.041*** (3.19)

第6章　要素价格扭曲与我国要素收入分配失衡　93

续表

估计形式	模型9	模型10	模型11	模型12	模型13	模型14	模型15	模型16
	SYS-GMM	SYS-GMM	SYS-GMM	SYS-GMM	SYS-GMM	SYS-GMM	SYS-GMM	Diff-GMM
finance			-0.02*** (-7.38)	-0.02*** (-6.08)		-0.025*** (-9.01)	-0.026*** (-7.04)	-0.039*** (-8.23)
ld				-0.165*** (-6.55)	-0.133*** (-13.49)	-0.163*** (-5.77)	-0.147*** (-5.77)	-0.116*** (-5.58)
bzfdi					0.200*** (3.42)		0.247*** (2.7)	0.270*** (4.93)
lnjy					-0.023*** (-3.87)			
ersancy						0.034*** (4.38)	0.038*** (5.38)	0.031*** (3.54)
_cons	0.05*** (12.9)	0.069*** (9.55)	0.104*** (14.92)	0.114*** (23.72)	0.121*** (6.02)	0.095*** (13.3)	0.072*** (7.07)	0.122*** (11.99)
AR1-检验	-3.978 [0.0001]	-3.966 [0.0001]	-3.924 [0.0001]	-3.912 [0.0001]	-3.97 [0.0001]	-3.889 [0.0001]	-3.806 [0.0001]	-3.68 [0.0002]
AR2-检验	-0.963 [0.335]	-0.991 [0.321]	-0.844 [0.398]	-0.669 [0.503]	-0.855 [0.392]	-0.638 [0.523]	-0.671 [0.502]	-0.67 [0.502]
Sargan检验	28.54 [0.929]	27.88 [0.941]	26.99 [0.955]	27.01 [0.954]	26.83 [0.957]	26.28 [0.964]	25.93 [0.967]	26.363 [0.154]
观测值	638	638	638	638	638	638	638	609
省个数	29	29	29	29	29	29	29	29

注：(1) Diff-GMM代表两阶段差分广义矩估计模型，SYS-GMM代表两阶段系统广义矩估计；(2) 圆括号里的数据为估计系数的 t 值，方括号里数据为统计量的 p 值；(3) L1.ldbc 代表我国要素分配失衡变量 ldbc 的滞后一期；(4) *** 表示在1%水平上显著，** 表示在5%水平上显著，* 表示在10%水平上显著。

表6-3中模型9是未加入控制变量的两阶段SYS-GMM估计结果，模型10~模型15是逐步加入控制变量的系统GMM估计结果，模型16是同基准模型做对比的差分GMM估计结果。从模型9~模型16估计结果可以看出，资本价格扭曲对要素收入分配失衡的影响始终为正，而且都是显著的。对比分析差分GMM估计结果可看出，模型15和模型16中的核心变量和控制变量的回归系数的符号是一致的，且都是显著的，进一步表明我们回归结果的稳健性和模型设定的合理性。通过使用Arellano-Bond统计量对模型9~模型16 GMM估计中的扰动项进行

了自相关检验，AR（1）和 AR（2）的检验结果显示，八个模型扰动项都存在一阶自相关，但是都不存在二阶自相关，说明模型的误差项都不是序列相关的，我们可以使用系统 GMM 和差分 GMM 估计方法。为了检验 GMM 估计中工具变量的过度识别问题，我们使用了 Sargan 检验方法，从表 6-3 中可以看出模型 9~模型 15 中的 Sargan 检验的 p 值都大于 0.9，而模型 16 中的 Sargan 检验的 p 值为 0.154，大于 0.1，说明我们不能拒绝"所有工具变量均有效"的原假设。综上，我们设定的模型是有效和稳健的，本部分将以模型 15 为基准模型进行讨论分析。

首先，我们分析核心解释变量资本价格扭曲 $distK$ 的估计结果，从表 6-3 中模型 15 的估计结果可以看出，$distK$ 的估计系数为 0.003，并且在 5% 水平上显著，而且表 6-3 中其他模型的估计结果中 $distK$ 的估计系数符号也为正，这说明我们估计结果的稳健性和正确性。$distK$ 的估计系数为正，说明伴随资本价格扭曲程度的上升，劳动报酬占 GDP 的比值也会不断上升，从而缓解我国的要素收入分配失衡问题，即资本价格扭曲上升，要素收入分配失衡降低。我们认为二者之间呈现的这一关系是合理的，也是符合我国经济现实的，理由如下：一是从理论上看，如果假设产出的分配仅在劳动和资本之间进行，那么当资本价格扭曲程度加剧时，则意味着资本未获得应有的收益，收益分配向劳动者发生了倾斜，此时的劳动报酬份额必然上升。二是从当前我国的经济现实看，我国长期存在城乡二元经济结构，乡村存在大量的富余的剩余劳动力，他们的收入水平很低，而且如果留在农村其相应的劳动的边际产出几乎为零，因此如果不能把他们转移出去，必然不利于整体劳动者收入份额的上升。而资本价格扭曲恰恰有利于我国投资规模的扩张，毕竟较低的资本成本有利于企业的扩张建厂，从而吸引大规模的乡村劳动力进城工作，不仅增加总产出，而且会提高城乡总体劳动者的报酬占比。三是我国地方政府在考核机制下推动投资，拉动经济增长，被归纳为"投资拉动的粗放型经济增长"模式，推动这一模式的前提条件就是资本价格的扭曲，也就是资本扭曲→投资增加→规模扩张（粗放型，企业采取复制模式，一个一个工厂扩建）→拉动就业→总体劳动报酬的上升，要素收入分配失衡缓解。总之，无论是从理论上还是从我国经济现实上看，资本价格扭曲程度的加剧，有利于产出分配向劳动倾斜，有利于缓解我国的要素收入分配失衡问题。

其次，从表 6-3 中可以看出，我们加入的控制变量，如资本深化、金融发展、劳动增长率和外商投资水平等都显著影响了我国要素收入分配失衡，而且要素收入分配失衡变量的滞后一期也是显著的。总之要素收入分配失衡问题的影响因素是多方面的，在下一小节将对这些控制变量的影响效应进行详细的分析。

6.3.3 劳动价格扭曲对中国要素分配失衡的影响

本小节在承接前面分析的基础上，将实证分析劳动价格扭曲与我国要素收入分配失衡之间的关系，在这里我们将使用两阶段 SYS – GMM 和两阶段 Diff – GMM 方法对本章设定的基准模型式（6.3）进行估计分析二者间的关系，估计结果见表6–4。

表6–4中，模型17是未加入控制变量的回归结果，劳动价格扭曲会加剧要素收入分配的不平衡，且是显著的；模型18~模型25是逐步加入资本深化、经济发展和金融发展等控制变量后的两阶段系统 GMM 估计结果，从中可以看出劳动价格扭曲的回顾系数符号始终为负，且在1%置信水平上显著，而且控制变量的回归系数也是显著的；对比模型25系统 GMM 和模型26差分 GMM 估计结果可看出，核心解释变量劳动价格扭曲和控制变量的估计系数符号是一致的，且都是显著的。针对模型17~模型26，我们进行了扰动项序列相关检验和工具变量过度识别检验，一是从 Sargan 检验的结果来看，10个估计模型的 Sargan 检验的 p 值都大于0.1，说明我们可以接受"所有工具变量都有效"的原假设；二是从 Arellano – Bond 统计量检验结果可以看出，AR1 检验结果的 p 值都小于0.01，而 AR2 检验结果的 p 值最小的为0.249，这表明模型的扰动项存在一阶序列相关，但不存在二阶序列相关，说明模型的误差项都不是序列相关的，我们可以使用系统 GMM 和差分 GMM 估计方法。据鲁德曼（2006）研究指出系统 GMM 估计方法是更有效的方法，它可以更好地获得变量的水平和差分变化的信息。因此，我们在综合对比系统 GMM 和差分 GMM 的情况下，把系统 GMM 估计结果中的模型25作为基准模型进行相关讨论和分析。

首先，我们将重点分析本章核心解释变量劳动价格扭曲的估计情况。从表6–4模型25中的系统 GMM 估计结果可以看出，劳动价格扭曲变量的估计系数为 –0.065，在1%水平上显著，对比表6–3中的其他模型估计结果看出，估计系数符号是一致的，也是显著的；从估计系数大小来看，在引入经济发展、资本深化和金融发展控制变量后 distL 的回归系数基本没有变动，这说明我们设定的模型和引入的控制变量是正确的、合理的。估计系数符号为负，说明劳动价格扭曲程度的上升，会降低劳动报酬所占总产出的份额，进而加剧了要素收入分配的不平衡，即劳动价格扭曲上升1个单位，则劳动报酬占比会下降约6.5%，影响是显著的，可以说劳动价格扭曲是要素收入分配失衡的重要原因之一。二者之间

表 6-4 劳动价格扭曲对要素分配失衡的估计结果

估计形式	模型 17 SYS-GMM	模型 18 SYS-GMM	模型 19 SYS-GMM	模型 20 SYS-GMM	模型 21 SYS-GMM	模型 22 SYS-GMM	模型 23 SYS-GMM	模型 24 SYS-GMM	模型 25 SYS-GMM	模型 26 Diff-GMM
L1.ldbc	0.616*** (27.57)	0.723*** (30.64)	0.502*** (25.35)	0.426*** (17.66)	0.369*** (9.5)	0.354*** (9.32)	0.304*** (6.6)	0.309*** (6.25)	0.315*** (7.12)	0.262*** (5.52)
L2.ldbc	-0.038** (-2.12)	-0.045** (-2.49)	-0.092*** (-6.62)	-0.090*** (-5.19)	-0.114*** (-6.16)	-0.132*** (-6.6)	-0.119*** (-5.52)	-0.114*** (-5.16)	-0.127*** (-5.86)	-0.093*** (-4.22)
distL	-0.051*** (-26.03)	-0.045*** (-22.09)	-0.053*** (-27.29)	-0.056*** (-32.32)	-0.063*** (-33.16)	-0.063*** (-32.71)	-0.064*** (-37)	-0.064*** (-30.65)	-0.065*** (-31.41)	-0.07*** (-36.4)
lnky		0.023*** (3.17)	0.158*** (19.88)	0.172*** (15.91)	0.204*** (19.26)	0.197*** (12.22)	0.213*** (15.4)	0.211*** (14.5)	0.217*** (13.61)	0.277*** (18.8)
rjy			-0.050*** (-16.52)	-0.062*** (-16.13)	-0.099*** (-24.12)	-0.098*** (-16.77)	-0.105*** (-22.05)	-0.102*** (-15.63)	-0.098*** (-16.67)	-0.121*** (-17.1)
finance				0.018*** (7.97)	0.012*** (2.92)	0.012*** (3.05)	0.018*** (3.83)	0.016*** (3.54)	0.010** (2.07)	0.004 (0.74)
lnjy					0.176*** (7.22)	0.178*** (6.85)	0.204*** (8.17)	0.191*** (5.46)	0.181*** (7.42)	0.225*** (9.59)
x						-0.017** (-2.05)	-0.032*** (-3.01)	-0.029*** (-2.63)	-0.026** (-2.57)	-0.023*** (-2.9)
bzfdi							0.391*** (5.02)	0.369*** (4.42)	0.399*** (4.66)	0.535*** (5.71)
ld								-0.069*** (-4.95)	-0.198*** (-2.65)	-0.015 (-1.14)

第6章　要素价格扭曲与我国要素收入分配失衡

续表

估计形式	模型17 SYS-GMM	模型18 SYS-GMM	模型19 SYS-GMM	模型20 SYS-GMM	模型21 SYS-GMM	模型22 SYS-GMM	模型23 SYS-GMM	模型24 SYS-GMM	模型25 SYS-GMM	模型26 Diff-GMM
ersancy									0.024*** (3.62)	0.038*** (4.89)
_cons	0.461*** (29.63)	0.370*** (20.13)	0.888*** (31.07)	1.003*** (32.55)	1.026*** (20.14)	1.039*** (18.34)	1.041*** (18.4)	1.040*** (17.9)	1.019*** (19.04)	1.125*** (21.06)
AR1-检验	-3.496 [0.0005]	-3.717 [0.0002]	-3.555 [0.0004]	-3.423 [0.0006]	-3.279 [0.001]	-3.244 [0.0012]	-3.135 [0.0017]	-3.264 [0.0011]	-3.548 [0.0004]	-2.831 [0.0046]
AR2-检验	0.0285 [0.977]	-0.146 [0.883]	0.6685 [0.503]	0.685 [0.493]	0.941 [0.346]	1.151 [0.249]	0.741 [0.458]	0.711 [0.477]	0.7519 [0.452]	0.439 [0.660]
Sargan检验	28.494 [0.892]	28.429 [0.894]	28.30 [0.897]	28.485 [0.893]	27.789 [0.909]	28.11 [0.902]	27.424 [0.917]	27.376 [0.918]	23.452 [0.976]	25.789 [0.934]
观测值	609	609	609	609	609	609	609	609	609	580
省个数	29	29	29	29	29	29	29	29	29	29

注：(1) Diff-GMM 代表两阶段差分广义矩估计模型，SYS-GMM 代表两阶段系统广义矩估计；(2) 圆括号里的数据为估计系数的 t 值，方括号里数据为统计量的 p 值；(3) L1.ldbc 代表我国要素分配失衡变量 ldbc 的滞后一期，L2.ldbc 代表我国要素分配失衡变量 ldbc 的滞后两期；(4) *** 表示在 1% 水平上显著，** 表示在 5% 水平上显著，* 表示在 10% 水平上显著。

为什么是负相关关系呢？本章对其解释如下。一是单纯从理论上看，如果假设产出的分配仅在劳动和资本之间进行，那么当劳动价格扭曲程度加剧时，劳动未获得应有的收益，产出分配向资本发生了倾斜，此时劳动报酬占产出的份额必然降低。二是在我国"投资拉动的粗放型经济增长"模式下，一方面投资的快速增长也加速了资本的深化，使得人均资本占有量不断上升，劳动的边际产出不断上升；另一方面我国长期存在城乡二元经济结构，农村存在大量的富余的劳动力亟须转移，以提高他们的收益及整体劳动配置效率，但是由于劳动力的大量剩余，转移到城市后也抑制了城市平均工资水平的上升，陆铭和蒋士卿（2007）也认同劳动力供给的增加对工资水平具有向下的压力。两方面的相互作用下，不仅导致了劳动价格扭曲的程度加剧，还造成平均工资水平增速滞后于产出的增速，进而导致了劳动报酬占比下降和要素收入分配失衡不断加剧的局面。据李稻葵和刘霖林等（2009）的研究，劳动力转移的初期和中期，劳动报酬占比是在不断降低的，要素收入分配失衡不断加剧。事实上正如前面的分析，劳动力的不断转移也造成了劳动价格扭曲程度加剧，从而出现了要素分配失衡的局面。总之，劳动价格扭曲是我国近年来要素收入分配失衡不断加剧的重要原因。

其次，从表 6-4 模型 25 中的估计结果可以看出，以劳动报酬占比度量的要素收入分配失衡变量的滞后一期 $L1.ldbc$ 和滞后两期 $L2.ldbc$ 的估计系数分别为 0.315、-0.127，且在 1% 的水平上显著，对比表 6-4 中的其他模型可以看出，二者的估计系数符号是一致的，也是显著的。$L1.ldbc$ 的估计系数为 0.315，$L2.ldbc$ 的回归系数为 -0.127，说明当期劳动报酬占比的上升一个单位，则在其滞后一期后能够造成该期劳动报酬占比上升 0.315 个单位，但是在其滞后两期后会对该期造成 0.127 个单位的下降。这反映劳动报酬占比在短期内会有惯性效应，但是在较长期（如两年）会有自我调节和收敛机制。由上也可说明我国要素收入分配失衡存在惯性效应，当期不平衡的加剧会延续到下一期。对这一结果的解释，一是由于劳动者的工资存在粘性，工资不会出现大幅度快速增长，从而造成由劳动工资水平决定了劳动报酬水平也具有了粘性，正是由于工资水平的粘性效应，我国的平均工资水平增长速度滞后于经济发展速度，进而造成劳动报酬水平的滞后和要素收入分配失衡问题的加剧。二是由于劳动力的富余，也造成劳动者面临资本"工资谈判"时处于弱势地位，从而加固了工资水平的粘性效应，也造成了我国近年来的劳动报酬占比的不断下降和要素收入分配失衡越来越严峻的局面。三是要素收入分配也不可能严重偏向资本，毕竟经济的发展也需要消费拉动，从而会出现了劳动报酬降低在滞后两期后会改善该期的报酬水平，有一定的收敛性。总体上来看，当前我国要素收入分配失衡的连贯效应大于收敛效应，是导致要素分配失衡的关键因素。

最后，为避免遗漏影响要素收入分配失衡问题的其他因素，本章加入相关控制变量，对其影响效应加以分析，既可以加深我们对要素收入分配失衡的理解，也可以丰富本章的研究内容，增强研究的有效性和稳健性。对比表 6-4 中的模型 25 和模型 26 可以看出，各控制变量的估计系数的符号是一致的，而且也是显著的，说明我们引入的控制变量是正确的，模型设计是合理的。具体来看：

(1) 代表资本深化的变量 $\ln ky$ 为 0.217，且在 1% 水平上显著，说明资本深化有利于劳动报酬占总产出份额的改善，有利于缓解当前存在的要素收入分配失衡问题，这一结论与白重恩和钱震杰 (2010) 不一致。我国长期存在城乡二元经济结构，存在大量富余的劳动力，因此资本存量的积累有助于人均资本存量的上升和劳动边际产出的上升。一方面，伴随劳动产出的上升，劳动者的工资水平也会上升；另一方面，伴随资本深化程度的不断提高，劳均资本的利用效率也会降低，此时就会倾向于吸引更多的劳动力参与生产，在我国就是农村劳动力的转移。两方面相互综合造成劳动报酬的上升。资本产出比同劳动报酬份额之间成正比，说明资本与劳动之间是互补关系而不是替代关系，这一结论同罗长远和张军 (2009) 研究一致。结论也意味着资本投入的增加也会增加劳动力的就业水平，能够提高总的劳动报酬占比，缓解要素收入分配失衡。

(2) 代表经济发展的变量 rjy 的估计系数为 -0.098，且在 1% 水平上显著，说明伴随我国经济发展水平的上升，劳动报酬占比是不断下降的，要素收入分配失衡问题不断加剧。从数值上看，经济发展水平每上升 1 个单位，劳动报酬占比会下降 9.8%，这说明经济发展水平的不断上升可能是我国劳动报酬份额不断下降和要素收入分配失衡的重要原因之一。对这一现象的解释是：由于我国当前正处在工业化和城市化不断推进阶段，伴随我国经济发展水平的不断提高，乡村人口大量迁移到城市并在工业部门工作，虽然他们的工资水平会上升，但是相对工业部门，农业部门劳动报酬占比更高 (罗长远和张军，2009)，从而造成了整体劳动报酬占比的不断下降。据李稻葵和刘霖林等 (2009) 的研究，经济发展同劳动报酬占比之间呈倒 "U" 型关系，而在经济发展的初期阶段二者之间关系在 "U" 型曲线的左侧，二者关系的转折点为 6000 美元。根据我国统计年鉴数据，2012 年人均 GDP 为 38420 元，按当年人民币平均汇率折合成美元为 6086 美元。由于本书研究的时间跨度是 1990~2012 年，可以说恰好处于 "U" 型曲线的左侧，我们预测未来伴随我国经济发展水平的上升，劳动报酬份额有可能会开始上升，当前存在的要素收入分配失衡问题也会不断得到缓解，分配趋向合理。

（3）代表金融发展水平的变量 finance 的回归系数为 0.01，且在 1% 水平上显著，说明金融发展水平的提高，有助于提高劳动报酬占 GDP 的份额，从而缓解要素收入分配失衡，这一结论同郭庆旺和吕冰洋（2012）的发现一致。目前我国金融行业仍是银行主导的模式，本书的金融发展变量也是按银行信贷与 GDP 的比来衡量的，又由于银行主要以国有为主，更易受到政府的干预，造成资本价格的扭曲和配置扭曲，这样一方面使得银行贷款更倾向于国有企业，而国有企业劳动报酬近年来普遍高于非国有企业（白重恩和钱震杰，2008）；另一方面也会加速资本的投入，资本深化程度提高，本章前面已指出，资本深化有助于劳动报酬上升。总之两方面共同作用下提高了劳动报酬水平。另外据魏下海和董志强等（2013）基于全民企业调查数据研究发现金融发展不利于民营企业劳动报酬比例的上升，这说明如果我国未来金融发展能够向民营企业倾斜，也许会不利于要素收入分配的平衡，但会提高资本配置效率。

（4）代表人力资本水平的变量 lnjy 对要素收入分配失衡的影响显著为正，说明人力资本水平的上升有利于提高劳动报酬占比，缓解要素分配失衡。对于人力资本水平的正向效应，我们的解释是：人力资本水平的上升，其相应的工作能力和学习能力都较高，一方面对个人来说有利于获得较高薪水的工作；另一方面对地方来说有利于吸引更多的投资，加速资本深化，提高总的就业水平；二者共同作用提高了劳动报酬水平，缓解要素分配失衡。另外据罗长远和张军（2009）研究，人力资本对劳动收入占比的影响为正，但是不显著。因此可以说变量选择不同可能会造成估计结果的不一致。

（5）代表开放水平的变量 x 的系数为 -0.026 且显著，说明贸易开放会显著降低劳动报酬水平，加剧要素收入分配失衡。这一方面由于贸易开放削弱了我国劳动者的工资议价地位，提高了资本报酬议价地位，使要素分配偏向于资本，加剧了要素分配失衡；另一方面可能由于我国贸易结构的转变，由劳动密集型转向了资本密集型，出口技术复杂度上升（Rodrik，2006；Xu，2007），从而降低了对劳动就业的拉动效应，使得贸易带动的经济产出分配偏向了资本，加剧了近年来的劳动报酬的降低和要素分配的失衡。

（6）代表外商投资水平的变量 bzfdi 对劳动收入占比的影响显著为正，估计系数为 0.399，说明外商投资水平的上升有利于增加劳动报酬份额，缓解要素收入分配的失衡，这一结论同罗长远和张军（2009）的研究不一致。针对这一结论我们的解释如下：一是外商投资水平的上升，有利于增加当地劳动就业，使大量剩余的劳动力得到配置，提升了劳动报酬水平。二是外商企业的工资水平普遍高于国内企业，从而外商投资水平的提高有利于在外商企业就业人数的增加，进而增加整体的劳动报酬水平，另外外商企业的高工资水平也具有"溢出效应"（Fosfuri et al.，2001），从而也有助于推动东道国企业的工资水平的上升。总之外商投资水平的上升有助于提高劳动报酬占比和缓解要素收入分配失衡，不幸的是虽然近年来我国外商投资额在不断增加，但是外商投资占GDP的比重在不断降低，这也说明我模型设定的合理性。

（7）代表就业人员增长的变量 ld 对劳动报酬份额的影响显著为负，估计系数为 -0.198，这说明就业人员的快速增加不仅降低了劳动报酬占比，而且恶化了要素收入分配失衡。结合我国的经济现实，我们认为这一结论是合理的。因为我国长期处于二元经济结构，有着大量剩余的劳动力继续就业，近年来伴随我国投资的不断增加，增加了大量劳动力就业岗位，但是劳动力人数的快速增加从某种程度上也降低了劳资之间劳动者的"工资议价地位"，从而出现了就业人数上升和劳动报酬份额下降的局面。

（8）代表产业结构水平的变量 $ersancy$ 对劳动报酬占比的影响显著为正，估计系数为 0.024，说明产业结构水平的上升有助于提高劳动报酬份额，有助于要素收入分配的平衡。据郭庆旺和吕冰洋（2012）研究发现，以第三产业占GDP的比重衡量的产业结构水平的上升有助于缓解要素收入分配失衡；而白重恩和刘霖林等（2009）研究发现，服务业增加值占GDP比重的上升有利于提升劳动报酬占比，而工业增加值占GDP比重的上升会降低劳动报酬的占比。郭庆旺等和白重恩等的度量方法不一样，但综合来看，本章的研究和他们的结论是一致的。本章对这一问题的解释：一是由于第三产业是劳动密集型行业，第三产业发展有利于吸引更多的劳动力就业；二是第三产业工资水平相对也较高，据石涛和张磊（2012）研究，1990~2010年间服务业部门平均工资年度增速为16.73%，而制造业部门代表的工业部门增速为15.42%，后者低于前者。

6.4 本章小结

要素价格扭曲的经济后果和要素收入分配失衡原因探讨，是当前很多学者关注的两个议题，但是我们发现迄今没有相关的文献将二者结合起来进行系统的研究。本书在第3章基于一个简单的模型，刻画了劳动价格扭曲和资本价格扭曲对要素收入分配失衡，在此基础上本章设定计量模型以便于实证检验，是基于我国1990~2012年省级面板数据，并利用动态面板GMM估计方法，在加入影响要素收入分配失衡的控制变量后，实证分析了总体要素价格扭曲、资本价格扭曲和劳动价格扭曲分别同我国存在的要素收入分配失衡之间的关系，并进一步验证了我们前文理论分析的正确性。研究结论主要体现在以下方面：

首先，总的要素价格扭曲同要素收入分配失衡之间呈平滑的"U"型关系，从散点图也可以看出多数是处在"U"型的底部，仅有少数点在右侧，这说明当前总要素价格扭曲对要素收入分配失衡的影响是很弱的，同时也给我们启示，如果未来总的要素价格扭曲降低，很有可能会促进劳动报酬份额的提升，缓解要素价格扭曲的不平衡，二者之间的关系会更多出现在"U"型曲线的左侧。

其次，我们发现资本价格扭曲对劳动报酬份额具有显著正向影响，资本价格扭曲程度的上升能够提升劳动报酬份额，缓解要素收入分配失衡。而劳动价格扭曲对劳动报酬份额具有显著的负向效应，样本区间内，劳动价格扭曲的不断加剧是我国要素收入分配失衡和劳动报酬份额降低的重要原因之一。

再次，我们发现劳动报酬份额的当期变化会对下期造成影响，即劳动报酬份额的当期降低会加剧下一期的降低，这也意味着要素收入分配失衡的当期扩大会加剧下一期的失衡。

最后，我们引入了影响要素收入分配失衡的控制变量，并得到了有益的验证。具体来看，资本深化、金融发展、人力资本水平、外商投资水平和产业结构等变量水平的上升，有助于提高劳动报酬份额，缓解我国严峻的要素收入分配失衡问题；经济发展水平、贸易开放水平和劳动力增长显著降低了劳动报酬份额，不利于我国要素收入分配的平衡。

本章的研究丰富了要素价格扭曲的经济后果和要素收入分配失衡原因两个领域的研究文献。同时，本章的政策含义也很明显。一是加快推进资本市场化程度，改变以国有银行主导的金融发展模式，减少政府干预，促进利率市场化，提高资本配置效率。我国过去主要是在资本价格扭曲下政府主导的投资拉动的经济增长模式，未来有必要转变为投资由市场和企业按最优化产出决定，因此我国当前亟须提高金融发展水平，减少金融抑制，增加企业融资渠道和个人投资渠道，从而加速资本在不同产业、不同企业和不同地区之间的流动，提高资本配置效率，使得经济发展能够沿着要素禀赋优势发展。二是加快推进劳动市场化，逐步降低劳动价格扭曲，使劳动的工资增长率能够跟上经济发展的速度，使工资水平能够达到劳动的边际产出水平，让劳动者能够分享到他们应得的"蛋糕"，最终使要素收入分配趋向合理。三是影响要素收入分配失衡的因素是多方面的，因此要想缓解这一问题，有必要多方面考虑。从本章的研究看，我国应该逐步提高我国产业结构水平（特别是第三产业）、外商投资水平和人力资本水平，进而逐步推动我国的经济发展水平，使要素收入分配失衡尽快出现拐点。总之，要想实现我国第十四个五年规划纲要中提出的"提高劳动报酬在初次分配中的比重"，就必须推进要素市场化，降低要素价格扭曲程度，提高要素的资源配置效率，这不仅有利于提升经济发展水平，把"蛋糕"做大，而且有利于要素分配趋向于合理，要素收入分配得到平衡。

第 7 章 要素价格扭曲、收入分配与内需不足
——基于省级动态面板 GMM 的分析

7.1 引　言

1978 年改革开放以来，中国取得了举世瞩目的经济增长，然而这种高速的经济增长是依靠巨大的资源投入和牺牲环境取得的。据《中国统计年鉴》数据，全社会投资 1990 年为 4517 亿元，2012 年为 374694.7 亿元，是 1990 年的 82.95 倍；1990 年广义货币供给量 M2 为 15293.4 亿元，2012 年货币供给 M2 为 974159.5 亿元，是 1990 年的 69.7 倍；1990 年中国人民币存款额为 13942.9 亿元，2012 年人民币存款额为 917555 亿元，是 1990 年的 65.8 倍。然而 1990 年中国的最终消费额为 12090.5 亿元，2012 年最终消费额为 261832.8 亿元，仅为 1990 年的 21.65 倍。从图 7-1 也可以看出，相对于经济和资本的快速增长，我国最终消费额增长似乎有些偏低，从增长倍数看，2012 年最终消费仅为 1990 年的 21.65 倍，远低于投资的 82.95 倍，而且全社会投资在 2007 年超过最终消费后，有逐年扩大的趋势。高投资虽然推动了我国经济的快速增长，但也导致了近年来经济的过热和三驾马车的失衡。这也正如杨格（2000）所指出的，中国渐进式改革策略取得了巨大成功，但同时也由于其路径依赖性而留下了诸多弊端。目前，学术界针对"三驾马车"的平衡问题一直在讨论，开过多种经济治理药方，我国政府也试图对其进行调控，但是投资与消费之间的差距不仅没有逆转，在 2005 年后仍出现逐年扩大的局面。

中国高投资与低消费这一经济失衡现象长达几十年始终存在，且有越来越严重之势，其中很可能存在某种经济规律，或由长期存在的某种因素造成。近年来关于这一失衡问题引起了越来越多的专家的注意，如李扬和殷剑锋等（2007）、

第 7 章　要素价格扭曲、收入分配与内需不足

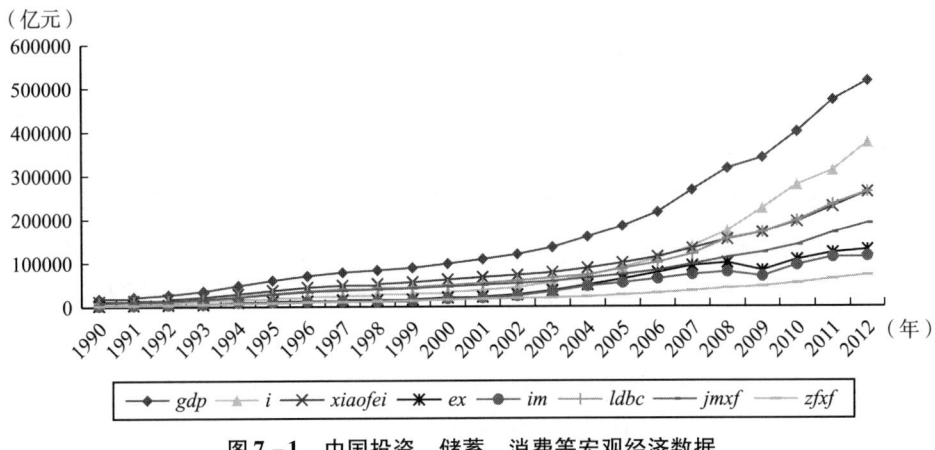

图 7-1　中国投资、储蓄、消费等宏观经济数据

注：gdp 表示国内生产总值，i 表示全社会投资，xiaofei 表示全社会最终消费，ldbc 表示收入法计算劳动报酬，jmxf 表示居民消费，zfxf 表示政府消费，ex 表示中国出口，总额按人民币计算，im 表示中国进口总额，用人民币计算。

王博（2011）、马国南和王一（Ma and Wang，2010）、宋晓东（2011）刘东皇和沈坤荣（2012）等从不同角度研究了中国投资消费失衡现象，及造成这一现象的原因。

上述国内外的研究（具体可参考第二章中"关于消费需求相关问题"的文献综述内容）为我们理解我国收入分配情况和投资消费失衡问题提供了丰富的理论和经验依据。然而我们也发现，有一个重要的经济问题并没有引起人们的重视，那就是中国在投资拉动的经济发展模式下，地方政府会对要素市场控制（包括对土地、资本、劳动等），这些都有可能影响企业的投资行为。资本价格和劳动价格的扭曲会促使企业把投资放在规模的扩张上，而不是放在技术水平的提升上。企业的这一"短视行为"最终会走上投资扩厂、招收廉价劳动力，通过粗放式经营方式盈利，而不是依赖研发的"集约式经营"。"三驾马车"的严重不平衡、不对等，使我国的经济增长严重依赖于投资和出口，内需不足和依赖出口也使得我国容易受国外经济危机的影响。因此有必要更深层次地分析导致我国消费不足的原因，探究解决之道，这不仅有利于提升人民的生活消费水平，也有利于我国转变当前依赖投资和出口拉动的经济增长方式。杨格（2000）研究指出中国渐进式改革留下的一个弊端就是要素市场化的滞后。本书在第 5 章和第 6 章已分析了要素价格扭曲对当前我国存在的收入分配失衡问题的影响，那么要素价格扭曲是否会影响到我消费情况呢，是否是我国投资快速上升的原因呢？我们期望能够分析清楚我国依赖投资拉动的经济发展模式和消费的长期低迷是内生于我国的

经济发展阶段，还是外生于中国政府对这一策略的"故意"选择。我们希望本章的研究能够为"解决消费不足和经济转型"提供有价值的启示和政策含义。

前面已经系统详细地分析了要素价格扭曲对我国收入分配失衡（包括居民收入差距和要素分配失衡）的影响，本章的分析既是对前述研究的承接，也是对新的问题探讨。本书在现有文献基础上，基于 1990~2012 年省级面板数据，构建模型并利用动态面板 GMM 方法实证分析要素价格扭曲、分配失衡与内需不足之间的关系，以期找出我国高投资和低消费这一不平衡现象的深层次原因，为我国经济结构调整和转型提供有益的建议。本章结构安排如下：7.2 节计量模型的设定和变量说明及描述性分析；7.3 节实证结果与分析，本部分将重点探讨要素扭曲和收入分配对投资和消费的影响；7.4 节为本章结论和政策含义。

7.2　计量模型的设定和变量说明及描述性分析

7.2.1　模型的设定和检验方法

基于前述文献成果，并结合我国的经济现实，首先我们构建的是静态面板数据模型，设置的模型如下：

$$Y_{it} = \alpha_0 + \alpha_1 Z_{it} + \alpha_2 X_{it} + \mu_i + \varepsilon_{it} \tag{7.1}$$

其中，下标 i 和 t 分别表示省份和时间；Y_{it} 为被解释变量，主要包括我国总体投资行为和外商投资行为及消费需求；Z_{it} 为解释变量，主要包括要素价格扭曲变量和收入分配情况变量；X_{it} 表示影响被解释变量的其他控制变量；μ_i 表示省份固定效应，反映不随时间变化的省份特定因素；ε_{it} 表示未被观测到的随机误差项。经典的面板数据模型通常分为三种：一是混合模型，简称"pool 模型"；二是固定效应模型，简称"FE 模型"；三是随机效应模型，简称"RE 模型"。具体采用哪种面板模型，需要通过进行相关检验才能决定使用哪种模型更为有效。一般通过 F 检验方法来决定是使用混合模型还是固定效应模型；通过豪斯曼（Hausman）检验来确定是采用固定效应模型还是随机效应模型，两者之间的差异在于不可观测的个体效应 μ_i 与解释变量是否相关。然而考虑到本章时间跨度较短，采用普通面板模型进行估计所得结果可能会有偏差，又由于宏观经济变量通常存在内生性问题，因此本章借鉴阿雷亚诺和邦德（1991）的做法，使用动态面板模型进行估计分析，设定模型如下：

$$Y_{it} = \alpha_0 + \beta Y_{i,t-1} + \alpha_1 Z_{it} + \alpha_2 X_{it} + \mu_i + \varepsilon_{it} \qquad (7.2)$$

对比式（7.1）和式（7.2）可以看出，动态面板数据模型与静态面板数据模型的不同之处在于，动态面板模型控制变量中包含了被解释变量的滞后值，从而控制了被解释变量的过去行为所产生的惯性效应，造成由此产生的被解释变量的滞后项与模型不可观测的随机项相关，此时若使用OLS估计会造成估计的不一致，从而需要采用广义矩估计方法GMM。阿雷亚诺和邦德（1991）率先提出差分广义矩估计方法，以避免变量的内生性问题和误差项的异方差性，干扰估计结果。差分GMM使用滞后水平变量作为差分方程中相应变量的弱工具变量。由于差分转换会造成部分信息的损失，从而造成估计结果的偏差。阿雷亚诺和邦德（1995）提出系统广义矩估计方法（SYS‐GMM），并经布伦德尔和邦德（1998）进行了改进，使用系统GMM不仅能够克服自变量滞后项与自变量差分滞后项因相关性不高而导致的弱工具变量问题，而且能够充分利用变量的水平方程和差分方程的信息（Roodman，2006），能够提高模型参数估计的有效性。为了做对比分析和增强估计结果的稳健性，本章将采用系统GMM和差分GMM两种方法估计。

广义矩估计GMM方法的有效性受工具变量的有效性即扰动项是否存在自相关的影响。选择工具变量根据两个原则：工具变量自身为外生变量，同时工具变量与内生变量之间强相关。因此采用广义矩估计方法估计过程中还需要进行两个检验：一是采用Sargan检验识别工具变量的有效性；二是使用Arellano‐Bond统计量来检验随机误差项ε_{it}的自相关状态，即检验广义面板矩估计中差分残差项是否存在二阶序列相关。通常来说，GMM估计中使用两步法估计（two‐step estimation）优于一步法估计（one‐step estimation），因此本章采用两步法GMM进行相关估计。

7.2.2 变量的选择和说明

（1）被解释变量。本章的目的主要是考察分析要素价格扭曲、收入分配与内需不足之间的关系，因此为了更好地刻画研究，本章被解释变量有：①*bzi*，表示中国的国内投资行为，用各省份年度全社会固定资产投资与国内生产总值的比值来衡量投资水平，反映中国各省份的投资行为，该值越大表示该省越依赖投资拉动经济增长。②*bzfdi*，表示我国的外商投资行为，选取各省份实际利用外商直接投资额与生产总值的比值来衡量外商投资水平，其中外商直接投资额用当年人民币平均汇率折算成人民币计算。③*bzxf*是各省份按支出法计算最终消费与国内生产总值的比值，反映中国各省份的消费行为，$bzxf$值越大表示该省份经济增长方式越合理，说明内需充足；④ixf是中国各省全社会固定资产投资与最终消费的比值，反映中国的投资消费失衡问题，该值越大表示该省投资消费失衡越严重，经济增长方式越不合理，"三驾马车"越不平衡。数据来源于历年各省统计年鉴、《中国统计年鉴》或《新中国六十年统计年鉴》。

（2）核心解释变量是我们重点关注的。本章核心解释变量：一是总要素价格扭曲（$dist$）、资本价格扭曲（$distK$）和劳动价格扭曲（$distL$），具体计算方式和意义见第4章。根据前文的分析，要素扭曲同消费之间存在密切的关系，但这一关系也受经济发展的影响，在此我们不能对变量估计系数符号作出预测。二是要素收入分配失衡$ldbc$和居民收入分配失衡$cxcj$变量。一般来说，劳动报酬份额的上升有利于消费需求的增加，我们预计系数符号为正，但是以城乡收入差距度量的居民收入分配失衡变量对消费需求的影响则不确定，如陈南岳（2004）提出"最优收入假说"，杨天宇（2009）提出倒"U"型关系假说，因此在这里我们估计结果不作预测。

其他影响消费需求和投资的控制变量，主要包括：

（1）经济发展水平，用rjy表示，本章选取各省份人均生产总值来衡量一个地区的经济发展情况，并以1990年价格为基期进行调整，然后取对数值。一般来说，一个地区经济发展水平越高，其投资、储蓄和消费水平也会越高；而对投资消费失衡的影响不确定，这取决于经济发展对投资和消费影响的大小。数据来源于各省历年统计年鉴、《中国统计年鉴》或《新中国六十年统计年鉴》。

（2）市场规模，用Y表示。一个地区的市场规模越大，必然会吸引更多的投资。就中国各省份的情况来看，一般经济规模强省的投资规模也很大。因此，选择一个较好的指标来衡量就显得十分重要，根据已有的文献，一般用人均地区生产总值或地区生产总值来衡量。本章认为人均地区生产总值只能较好地衡量一个地区的经济发展情况，并不能很好地衡量一个地区的总体市场规模。本章预期市场规模对中国地方投资行为的影响为正，对中国各地消费的影响不确定，对中国各地投资消费失衡的影响可能为正。为此，本章选取地区生产总值，并对其取对数来衡量各省份市场规模。数据来源于各省历年统计年鉴，并以1990年为基期，用各省份生产总值指数进行调整，然后取对数值。

（3）金融发展水平，用$finance$表示。度量金融发展水平的诸多指标中，大致可分为三类：一是衡量证券市场发展水平或资本市场直接融资水平，用股票成交额/国内生产总值表；二是衡量金融信贷市场发展程度的指标，如麦氏指标——广义货币供给 M2 占 GDP 的比率和戈德斯密斯（Goldsmith，1969）提出的金融相关率，即全部金融资产占 GDP 的比率；三是使用樊纲、王小鲁和朱恒鹏编写的《中国市场化指数——各地区市场化相对进程 2011 年报告》中的金融市场化发育程度指数，包括金融业竞争程度和信贷资金分配市场化发育程度，根据樊纲、王小鲁等的定义，该指数越大表示金融市场化发育程度越好，也就意味着金融发展水平越高。然而在我们所研究的时间区间内，由于数据资料欠缺，无法获得各省份的金融资产数据，以及各省份的广义货币供给 M2 数据，而樊纲等提出的金融市场化发育程度指数也仅提供 1999 年以来的数据。另外，我国证券市场尚不完善，一方面，我国证券市场指标不能充分反映我国金融市场发展的水平；另一方面，我国各省份证券市场相关数据也欠缺。因此，本章遵照国内多数研究做法，使用各省份金融机构人民币存贷款余额与生产总值的比值来衡量金融发展水平。数据来源于各省历年统计年鉴或《新中国六十年统计年鉴》。

（4）人力资本水平，用 $jiaoyu$ 表示，本书选择各省份 6 岁及 6 岁以上人口人均受教育水平来衡量，计算方法为：人均受教育年限 = 小学教育人口数 × 6/总人口数 + 初中毕业人口数 × 9/总人口数 + 高中毕业人口数 × 12/总人口数 + 大专以上毕业人口数 × 16/总人口数，其中，小学教育按 6 年学制算，初中毕业按 3 年学制算，高中教育按 3 年学制算，大专以上按平均 4 年学制算。一般来说，一个地区的人力资本水平越高，该地区的学习能力、工作能力也相对较高。这为提高投资提供了技术性劳动力支持，从而人力资本水平较高的地区，更能吸引投资。另外人力资本水平高的地区，一般来说其收入水平也会较高，消费能力和消费水平都会较高，因此人力资本水平的上升会促进消费。综上，由于人力资本水平上升会促进投资和消费水平的提高，因此其对投资消费失衡的影响方向待定。

（5）对外开放水平，用 x 表示，选取各省份的进出口贸易总额与国内生产总值的比值来衡量，使用当年平均汇率水平数据将进出口额折算为人民币计算。根据经典的斯托尔珀 - 萨缪尔森定理（The Stolper - Samuelson Theorem，S - S 定理），对外开放会降低一国相对稀缺要素的实际报酬，但是也会提高发展中国家相对充裕的非熟练劳动力的报酬，有利于减小传统部门与现代部门之间的收入差距，收入差距的减小有利于增加消费。研究认为中国投资拉动的经济增长模式，实际上是对内实行价格扭曲，进而扩大国内投资，并通过对外开放来解决产能的相对过剩，因此认为对外开放会增加国内的投资水平。总的来说，对投资消费失衡的影响是不确定的，这取决于对外开放对投资水平和消费水平影响的大小。

(6) 产业结构，用 *ersancy* 表示，选取各省份第三产业增加值与第二产业增加值的比值来衡量。使用该变量不仅可以更好地反映第二产业和第三产业的增长波动情况，而且可以反映我国各省份的产业结构变迁情况，比单纯使用第二产业增加值或第三产业增加值占 GDP 的比值能更好地反映产业结构变动。一般来说产业结构变动会引起社会投资结构和消费结构的调整变动。因此，本章预期产业结构的改进会降低投资水平，并提高消费水平，进而改进投资消费失衡情况。

(7) 外商直接投资，用 *bzfdi* 表示，选取各省份实际利用外商直接投资额与国内生产总值的比值来衡量外商投资水平，其中外商直接投资额用当年人民币平均汇率折算成人民币计算。外商直接投资作为全社会投资的一部分，其本身的增加会提高全社会投资水平，但是外商直接投资也可能会对国内投资产生挤出或挤入效应，而且这种"挤效应存在区域差别"（冼国明和孙江永，2009）。另外，外商直接投资对我国消费的影响则具有不确定性，周华（2006）研究认为外商直接投资扩大了全国收入差距，特别是中西部地区之间的差距；刘渝琳和李敬（2012）利用省级面板数据，研究认为外商直接投资同收入差距之间呈倒"U"型关系，且存在区域差别。综上，预期外商直接投资对投资、消费及投资—消费失衡的影响效应系数待定，但极有可能存在区域差别。

7.2.3 数据说明和描述性统计分析

基于数据的可得性与一致性，在时间序列选择方面，本章以 1990~2012 年为样本区间；在截面数据选择上，由于西藏部分数据缺失，未纳入样本范围，澳门地区、台湾地区和香港地区也不在样本内，重庆和四川数据合并在一起，因此样本共涵盖中国 29 个省（自治区、直辖市）。另外，本章数据如非特别说明，数据均来自各省历年统计年鉴、《中国统计年鉴》以及《新中国六十年统计资料汇编》。本章使用 Stata 11.0 软件分析，表 7-1 给出了本章计量模型中主要变量的描述性统计分析结果。

表 7-1　　　　　　　　主要变量的描述性统计

变量	平均值	标准差	最小值	最大值	观测值
L1.lnbzi	-0.89699	0.384242	-1.8793	0.138037	667
L2.dist	6.426368	1.274177	3.506878	11.04768	667
bzxf	0.555348	0.097837	0.378682	0.911625	667

续表

变量	平均值	标准差	最小值	最大值	观测值
$bzjmxf$	0.415017	0.089889	0.228797	0.770998	667
$bzzfxf$	0.142247	0.039212	0.064848	0.336137	667
rjy	8.379186	0.821468	6.697034	10.35778	667
$finance$	2.224995	0.804182	1.123815	6.502475	667
$lnjy$	2.01736	0.162224	1.538401	2.471173	667
$ersancy$	0.906328	0.369233	0.478283	3.349284	667
$bzfdi$	0.032587	0.034921	0.000219	0.242534	667
x	0.309313	0.410178	0.032079	2.258532	667
jye	7.459761	0.86258	5.352664	8.787876	667
$bzczh$	0.134854	0.071194	0.041107	0.528765	667

7.3 计量结果与分析

本部分采用动态面板广义矩估计 GMM 方法，首先利用中国 29 个省份的数据，实证分析要素价格扭曲、收入分配对中国地方投资的影响，剖析影响我国投资快速增长的原因；其次，实证分析要素价格扭曲、收入分配对我国消费需求的影响，剖析我国近年来消费水平不断下降的原因，从而为解决当前的消费低迷提出有益建议；最后，我们把消费和投资两个变量结合在一起，分析造成二者差距不断扩大的原因，本章期望能够为解决消费需求的不足和转变投资拉动的经济增长方式得到启示。

7.3.1 要素价格扭曲对我国投资行为影响的实证分析

7.3.1.1 要素价格扭曲对我国整体投资行为的影响

本小节从全国总体层次上考察分析要素价格扭曲对我国投资行为的影响，在这里，我们使用两种动态面板 GMM 估计，分别是两阶段系统广义矩估计方法（two-step system – GMM）和两阶段差分广义矩估计方法（two-step difference – GMM）。本章使用 Stata 11.0 进行估计，估计结果见表 7 – 2。

表 7-2　　　　要素价格扭曲、收入分配与投资行为的估计结果

解释变量	模型 1 SYS-GMM	模型 2 Diff-GMM	模型 3 SYS-GMM	模型 4 Diff-GMM	模型 5 SYS-GMM	模型 6 Diff-GMM
L1.	0.700*** (0.035)	0.447*** (0.033)	0.688*** (0.046)	0.441*** (0.036)	0.541*** (0.052)	0.363*** (0.041)
L2.	-0.290*** (0.036)	-0.177*** (0.029)	-0.266*** (0.040)	-0.175*** (0.030)	-0.212*** (0.041)	-0.118*** (0.044)
dist	0.010*** (0.004)	0.025*** (0.003)	0.011*** (0.004)	0.024*** (0.003)	0.017*** (0.004)	0.024*** (0.002)
ldbc			-0.149** (0.070)	-0.011* (0.035)		
cxcj					0.085*** (0.016)	0.074*** (0.014)
rjy	0.172*** (0.039)	0.348*** (0.054)	0.165*** (0.039)	0.348*** (0.056)	0.231*** (0.054)	0.310*** (0.053)
finance	0.057*** (0.010)	0.100*** (0.007)	0.061*** (0.013)	0.099*** (0.007)	0.072*** (0.013)	0.101*** (0.008)
lnjy	-0.114 (0.171)	-0.533*** (0.150)	-0.196* (0.174)	-0.532*** (0.154)	-0.313 (0.240)	-0.522*** (0.072)
ersancy	-0.184*** (0.036)	-0.129*** (0.044)	-0.168*** (0.038)	-0.140*** (0.049)	-0.19*** (0.030)	-0.128*** (0.043)
bzfdi	1.214*** (0.423)	1.523*** (0.425)	1.294*** (0.511)	1.385*** (0.517)	1.511*** (0.537)	1.301*** (0.504)
x	-0.169*** (0.033)	-0.050* (0.029)	-0.175*** (0.035)	-0.046* (0.030)	-0.177*** (0.041)	-0.103*** (0.022)
jye	0.195* (0.137)	0.070 (0.377)	0.233** (0.104)	0.094 (0.379)	0.217 (0.212)	0.329 (0.442)
bzczh	1.478*** (0.226)	0.861*** (0.217)	1.545*** (0.239)	0.835*** (0.224)	1.373*** (0.297)	0.636* (0.347)
_cons	-3.394*** (1.050)	-3.428* (1.392)	-3.407*** (0.903)	-3.601 (2.412)	-4.020*** (1.498)	-5.254*** (2.901)
AR1-P	-3.193 [0.001]	-2.317 [0.020]	-3.087 [0.002]	-2.225 [0.026]	-2.407 [0.016]	-2.193 [0.032]

续表

解释变量	lnbzi					
	模型 1	模型 2	模型 3	模型 4	模型 5	模型 6
	SYS – GMM	Diff – GMM	SYS – GMM	Diff – GMM	SYS – GMM	Diff – GMM
AR2 – P	-0.434 [0.664]	0.302 [0.762]	-0.797 [0.425]	0.340 [0.733]	0.208 [0.834]	0.578 [0.562]
Sargan 值	27.202 [0.999]	27.075 [0.906]	26.655 [0.999]	26.931 [0.910]	25.545 [1.000]	25.417 [0.941]
观测值	609	580	609	580	609	580
省个数	29	29	29	29	29	29

注：(1) Diff – GMM 代表两阶段差分广义矩估计模型，SYS – GMM 代表两阶段系统广义矩估计；(2) 圆括号里的数据为估计系数的标准差，方括号里数据为统计量的 p 值；(3) $L1.$ 代表被解释变量的滞后一期，$L2.$ 代表被解释变量的滞后两期；(4) *** 表示在 1% 水平上显著，** 表示在 5% 水平上显著，* 表示在 10% 水平上显著。

在表 7 - 2 中，模型 1 和模型 2 是回归分析要素价格扭曲对我国整体投资行为的影响；模型 3 和模型 4 又加入了劳动报酬占比衡量的要素收入分配变量；模型 5 和模型 6 在模型 1 基础上又加入了以城乡收入差距衡量的居民收入分配变量。在 6 个模型中每一个两阶段系统 GMM 估计方法后，紧跟着一个两阶段差分 GMM 估计方法回归结果，这样一方面可以对两个回归结果作对比，另一方面也有利于增强估计结果的稳健型。另外，从两阶段系统 GMM 方法和两阶段差分 GMM 回归结果也可以看出，回归结果方向基本一致，且在统计上显著，这表明我们的回归结果是稳健的。为了增强估计模型的合理性和有效性，我们在模型中加入了影响我国投资行为的控制变量，如经济发展水平、金融发展、产业结构和贸易开放等变量。在广义矩估计中，我们利用 Sargan 检验工具变量过度识别问题，从表 7 - 2 中也可以看出 Sargan 检验的 p 值都在 0.9 以上，检验结果表明我们不能拒绝"所有工具变量均有效"的原假设，即说明我们选择的工具变量是有效的；使用 Arellano – Bond 统计量检验广义矩估计中扰动项序列相关问题，二阶序列相关 AR2 检验结果表明，扰动项存在一阶自相关，但不存在二阶自相关，支持估计方程的扰动项不存在二阶自相关的假设。综合 Sargan 检验和 Arellano – Bond 统计量检验说明，我们设定的模型是合理的，工具变量也是有效的。据阿雷亚诺和博韦尔（1995）和布伦德尔（Blundell，1998）及鲁德曼（Roodman，2006）研究认为使用系统广义矩估计 GMM 方法可以增强工具变量的有效性，因此本章结合上面的分析，将选择模型 1、模型 3 和模型 5 作为基准模型进行实证结果分析。

首先，我们最关心本小节核心解释变量要素价格扭曲、居民收入分配和要素收入分配变量的估计系数。(1) 代表要素价格扭曲的变量 *dist* 的估计系数在模型1~模型6的回归中始终为正，且在1%的水平上显著，说明估计结果是稳健的，实证分析也符合图7-2中的散点图。实证结果反映样本区间内，要素价格扭曲程度越大，越有利于各省份投资水平的上升，说明要素价格扭曲在一定程度上有利于我国投资拉动的经济增长模式。本章认为这一现象是合理的，因为要素价格扭曲抑制了资本和劳动价格的合理化，企业可以以较低的成本获取资本和劳动，这有利于企业不断进行规模扩张，对旧工厂通过"复制"来扩大规模，走粗放型而不是集约型的发展道路，据张杰和周晓艳（2011）的研究也支持了这一观点，他们认为要素市场化的滞后不利于企业研究与发展投资。(2) 以劳动报酬占比衡量的要素收入分配变量 *ldbc* 的估计系数为 -0.149，且在5%置信水平上显著，而且差分GMM估计结果也支持了这一估计结果。*ldbc* 的估计系数为正，反映了样本区间内劳动报酬占生产总值的比重上升和要素收入分配合理化，会降低各省份的投资水平，对投资具有抑制效应。劳动报酬占比的上升实际上提高了劳动者的劳动工资水平，降低了劳动价格扭曲，使收入分配向劳动者倾斜，进而造成资本收入的下降，降低了企业和个人的投资动机，从而造成投资的降低。我国近年来要素收入分配失衡问题越来越严峻，劳动报酬占比在不断降低，而投资水平不断攀升。(3) 代表以城乡收入差距度量的居民收入分配失衡的变量 *cxcj* 的估计

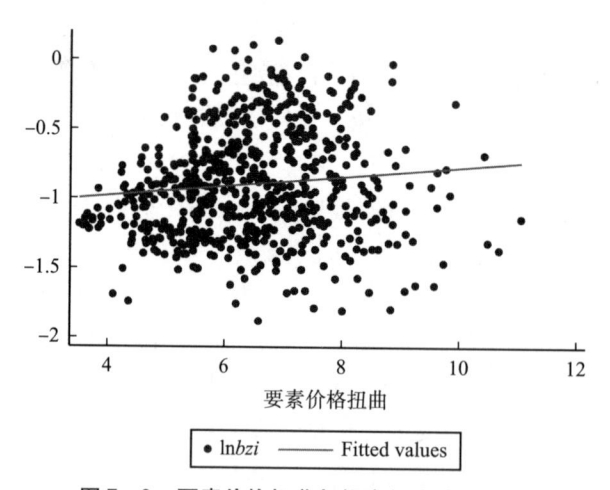

图7-2 要素价格扭曲与投资行为的散点图

注：ln*bzi* 表示投资行为，用纵坐标度量，数值越大表示投资依赖越强；横坐标用来衡量要素价格扭曲，数值越大表示扭曲越严重。Fitted values 表示拟合线。

系数为 0.085，且在 1% 水平上显著，差分估计结果也支持了这一估计，这表明模型估计结果是稳健和可靠的，反映了样本区间内，城乡收入差距的扩大和居民收入分配的失衡促进了我国各省份投资水平的不断上升。本章认为：一是由于城乡收入差距的扩大有利于吸引农村大量剩余的劳动力向城市转移，劳动力转移得越多越不利于工资水平的短时间内的快速上升，从而有利于降低企业的劳动成本，进而有利于企业采取投资扩张的规模发展模式；二是当前我国城市整体收入水平并不高，城市居民的消费仍然很旺盛，有利于消费引致的投资规模的上升。

其次，从表 7-2 中可以看出，中国的投资水平本身也会对未来的投资产生影响，中国整体投资滞后一期的估计系数符号为正，整体投资行为滞后两期的估计系数符号为负，且都在 1% 水平上显著。这说明下一期投资对当期的投资有路径依赖性，当期投资会促进下一期的投资，但是从长期看当期投资水平会降低未来的投资。原因可能是：一是由于当期投资和下一期投资可能具有投资连贯性，之所以会促进下一期投资，是由于要对前期投资的追加；二是由于当期投资可能占用了未来的投资机会，从而减少了未来的投资，所以会有当期投资滞后两期会减少投资的增加。

最后，将根据表 7-2 中模型 3 估计结果，对控制变量作简要分析。(1) 代表经济发展变量 rjy 的系数为 0.165，且在 1% 水平上显著，这说明一个地区经济发展情况越好，越会有利于投资的增加，投资水平也越高。(2) 代表金融发展水平的变量 $finance$ 估计系数为 0.061，且 1% 水平上显著，这说明一个地方金融发展水平越高，其相应的投资水平也会越高，可能是由于金融发展水平越高的地区，可以从不发达地区吸引过来更多的资金，从而促进当地的投资水平的提高。(3) 代表人力资本水平的变量 $lnjy$ 的系数为 -0.196，且在 10% 水平上显著，这说明人均受教育年限的越高，反而不利于投资，原因可能如下：一是该地原本投资就已经很高了，有了相当大的积累，产业结构升级，不再是粗放型投资拉动模式；二是我国的整体人力资本水平还较低，还没有达到提高人力资本水平会促进投资的"门槛水平"，而现阶段人力资本的提高又需要资本，从而人力资本提高反而抑制了投资。(4) 代表产业结构水平的变量 $ersancy$ 的估计系数为 -0.168，且在 1% 水平上显著，这说明产业结构水平越高的省份，其投资水平反而相应较低。可能的原因是第三产业的发展比第二产业的发展投资少，结构更合理，有利于投资的优化。(5) 代表外商直接投资水平的变量 $bzfdi$ 估计系数为 1.294，其在 1% 水平上显著，这说明从整体上看我国外商直接投并没有对国内投资产生"挤出效应"，而起到了良好的"引致投资"效应。(6) 代表开放水平的变量 x 的估

计系数 -0.175，且在1%水平上显著，这说明开放水平会对投资水平产生抑制效应，可能是由于开放水平越高的地区投资效率和投资结构都趋于合理，减少了资源错配和浪费，从而减少了不必要的投资。（7）代表政府行为的变量 bzczh 的估计系数为1.545，且在1%水平上显著，这说明我国财政支出水平的上升显著有利于我国投资水平的提高。这同现实情况相符合，我国政府支出的扩大一方面说明对市场的干预加大了，造成了市场的扭曲，而我们的分析显示扭曲一定程度上有利于投资；另一方面，政府支出很有可能补贴给了相关企业，从而降低了它们的经营成本，进而促进了得到补贴的企业采取规模扩张的策略。（8）代表就业水平的变量 jye 的系数为0.233且显著，这说明我国就业人员的上升有利于投资的扩大，进而提高投资水平。

7.3.1.2 要素价格扭曲与我国外商投资行为

在这里我们考察了要素价格扭曲、收入分配对我国外商投资行为的影响，表7-3是使用Stata 11.0实现的估计结果。在表7-3中，模型7和模型8回归分析了要素价格扭曲对我国外商投资行为的影响；模型9和模型10加入了以劳动报酬占比衡量的要素收入分配变量；模型11和模型12加入了以城乡收入差距衡量的居民收入分配变量后的估计结果。通过对比差分GMM估计结果可以看出，我们的估计结果是稳健的，引入控制变量是必要的也是合理的。对广义矩估计进行工具变量过度识别检验，Sargan检验结果显示 p 值都在0.9以上，说明我们工具变量选择是有效的；用Arellano-Bond统计量分别检验模型7~模型12的扰动项的序列相关，结果显示扰动项存在一阶自相关，但不存在二阶自相关，表明所有模型的扰动项不是序列相关的。在这里我们选择系统GMM估计结果，即模型7、模型9和模型11作为基准模型进行实证结果分析。

表7-3　　　要素价格扭曲、收入分配与外商投资行为的估计结果

解释变量	模型7	模型8	模型9	模型10	模型11	模型12
	SYS-GMM	Diff-GMM	SYS-GMM	Diff-GMM	SYS-GMM	Diff-GMM
L1. bzfdi	0.876 *** (0.018)	0.789 *** (0.016)	0.992 *** (0.019)	0.783 *** (0.015)	0.873 *** (0.022)	0.807 *** (0.017)
L2. bzfdi	-0.189 *** (0.011)	-0.183 *** (0.011)	-0.278 *** (0.011)	-0.180 *** (0.013)	-0.204 *** (0.018)	-0.168 *** (0.017)
dist	-0.002 *** (0.000)	-0.001 ** (0.000)	-0.001 *** (0.000)	-0.001 *** (0.000)	-0.002 *** (0.001)	-0.001 *** (0.000)

续表

解释变量	模型7 SYS-GMM	模型8 Diff-GMM	模型9 SYS-GMM	模型10 Diff-GMM	模型11 SYS-GMM	模型12 Diff-GMM
	bzfdi					
ldbc			-0.001 (0.006)	0.025*** (0.006)		
cxcj					-0.006*** (0.001)	0.006*** (0.001)
rjy	0.016*** (0.003)	-0.011*** (0.001)	0.016*** (0.002)	-0.010*** (0.001)	0.015*** (0.002)	-0.010*** (0.002)
finance	-0.009*** (0.001)	-0.005*** (0.001)	-0.008*** (0.001)	-0.005*** (0.001)	-0.008*** (0.002)	-0.005*** (0.001)
lnjy	-0.118*** (0.014)	-0.025*** (0.006)	-0.079*** (0.015)	-0.020*** (0.007)	-0.111*** (0.013)	-0.020*** (0.008)
ersancy	0.007 (0.005)	-0.023*** (0.002)	0.017*** (0.003)	-0.023*** (0.003)	0.008 (0.005)	-0.021*** (0.003)
x	0.020*** (0.002)	0.006*** (0.001)	0.015*** (0.002)	0.009*** (0.001)	0.022*** (0.001)	0.003** (0.002)
jye	-0.011** (0.005)	0.019** (0.008)	-0.007* (0.004)	0.013** (0.006)	-0.004 (0.005)	0.016* (0.011)
bzczh	-0.026** (0.012)	0.084*** (0.017)	-0.055*** (0.017)	0.086*** (0.020)	-0.026* (0.015)	0.093*** (0.021)
_cons	0.196*** (0.035)	0.026 (0.045)	0.089*** (0.032)	0.044 (0.037)	0.154*** (0.044)	0.015 (0.072)
AR1-P	-2.780 [0.005]	-2.807 [0.005]	-2.863 [0.004]	-2.803 [0.005]	-2.811 [0.004]	-2.841 [0.004]
AR2-P	1.280 [0.201]	1.182 [0.236]	1.480 [0.139]	1.133 [0.256]	1.284 [0.198]	1.146 [0.251]
Sargan值	24.673 [1.000]	26.861 [0.911]	18.335 [0.998]	26.603 [0.917]	24.778 [1.000]	25.496 [0.939]
观测值	609	580	609	580	609	580
省个数	29	29	29	29	29	29

注：(1) Diff-GMM 代表两阶段差分广义矩估计模型，SYS-GMM 代表两阶段系统广义矩估计；(2) 圆括号里的数据为估计系数的标准差，方括号里数据为统计量的 p 值；(3) L1. 代表被解释变量的滞后一期，L2. 代表被解释变量的滞后两期；(4) *** 表示在1%水平上显著，** 表示在5%水平上显著，* 表示在10%水平上显著。

首先我们将分析核心解释变量。（1）从表7-3模型7估计结果可看出，要素价格扭曲 dist 的估计系数为-0.002，且在5%水平上显著，表明要素价格扭曲程度越高越不利于吸引外商直接投资，从图7-3中也可以看出。本章给出了可能的原因：一是我国各省份的要素价格扭曲程度本身就已经处在了一个很高的点上，从图7-3也可看出要素价格扭曲程度多数大于4，也就是说较高的扭曲程度已经可以让当地政府做出牺牲引进投资，再高可能就会抑制资本和劳动的流入，不利于与外商投资相关的配套产业投入，从而降低对外商投资的吸引力；二是要素价格扭曲程度越高，也反映了一个地方的市场化程度不高，寻租上升，会增加外商投资的不确定性，进而降低了外商投资的吸引力；三是可能是由于本章变量的选择上的问题，本章使用外商投资占生产总值的比重来衡量外商投资行为，而我国外商投资波动较大，影响因素既有国内因素也有国际因素，从而增加了分析的不稳定性。（2）从表7-3模型9估计结果可看出，劳动报酬占比变量 ldbc 的估计系数为-0.001，但不显著，这说明劳动占比的上升很可能有利于外商投资的上升。毕竟20世纪90年代以来很多外商投资企业来华投资更多是"市场寻求型"，而劳动报酬的上升恰恰能够提高工人的工资水平，增强他们的消费欲望。（3）从表7-3模型11估计结果可看出，城乡收入差距变量 cxcj 的估计系数为-0.006，且在1%水平上显著，这表明城乡收入差距度量的居民收入分配失衡不利于外商投资的增加。本章认为收入差距过大降低了居民消费，不利于外商投资；也可能是由于变量选择问题，用外商投资占比来衡量外商投资行为，而我国外商投资波动较大，影响因素既有国内因素也有国际因素，增加了分析的不稳定性。

其次，从表7-3中的估计结果可以看出，外商投资水平的滞后一期 $L1.bzfdi$ 的估计系数符号为正，外商投资行为滞后两期 $L2.bzfdi$ 的估计系数符号为负，且都在1%水平上显著，表明中国当期的外商投资行为会对未来产生影响，当期外商投资会促进下期投资水平的提高，但是从长期看当期外商投资水平会降低未来的投资。原因一是当期投资和下期投资可能是同一项目，具有投资的连贯性和路径依赖性，因此下一期投资的增加可能是由于对前期投资的追加或者因投资规模的扩张需要追加。原因二是当期的外商投资可能占用了未来的投资机会，从而减少了未来的投资，从而出现"当期投资滞后两期后会抑制外商投资水平提高"的现象。

最后，将根据表7-3中模型9的估计结果，对控制变量进行简要分析。（1）代表经济发展水平的变量 rjy 的估计系数为0.016，且在1%水平上显著，表明经济

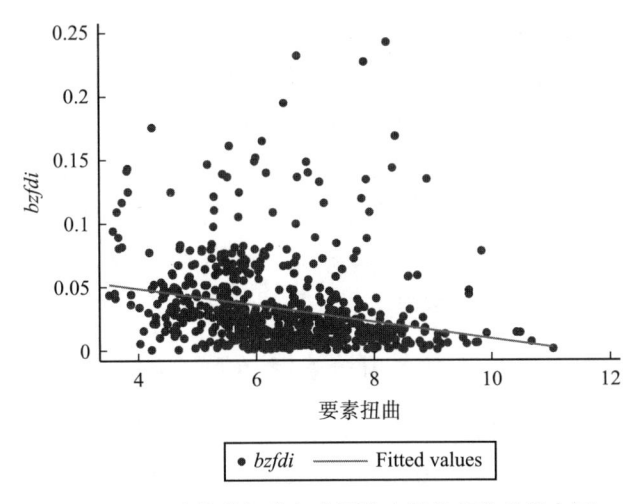

图 7-3 要素价格扭曲与中国外商投资行为的散点图

注：bzfdi 表示外商投资行为，用纵坐标度量，数值越大表示对外资吸引力越强；横坐标用来衡量要素价格扭曲，数值越大表示扭曲越严重。

发展水平越高，越有利于吸引外商直接投资，一是可能由于近年来伴随我国经济发展，外商投资也由"成本寻求型"向"市场寻求型"投资转变，经济发展水平越好的地区越能吸引到外商投资；二是我国整体劳动成本并不高，劳动的流动性和限制性近年来在逐渐减少，沿海地区交通便利，成本寻求型一般也不会轻易转移。(2) 代表金融发展的变量 $finance$ 的估计系数为 -0.008，且在1%水平上显著，表明金融发展水平提高会降低外商投资水平。本章认为这可能是由于金融发展水平高，从而当地拥有更多的资金，资本充裕从而也降低了对外商投资的偏好，进而当地政府也就没有那么强烈的动力去招商引资，进一步降低了外商投资水平。(3) 代表人力资本发展水平的变量 $lnjy$ 的估计系数为 -0.079，且在1%水平上显著，这表明人均受教育水平越高的地区，其对外商投资的依赖性也越低。这可能是由于人均受教育水平越高的省份，其相应的技术水平也越高，人员对工资的要求也越高，因此外商投资的进入面临较强的企业间的竞争压力，同时还面临较高的用工成本。(4) 代表产业结构的变量 $ersancy$ 估计系数为 0.017，且在1%水平上显著，这说明产业结构水平越高的地区，越能促进外商投资水平的提高。这很可能是由于产业结构水平高的地区，经济发展水平也高，基础设施等也较完善，消费需求也旺盛，从而受到外商投资的偏爱。(5) 代表开放水平的变量 x 的估计系数为 0.015，且在1%水平上显著，这说明我国对外开放水平越高的地区，其相应的外商投资水平也越高，这比较符合现实情况。一方面开放水平越高，也会让外资企业了解越多，从而增加投资；另一方面外商在我国投资也有很多是"成本寻求型"的，而进出口正是外商投资的一个表现。（6）代表就业人员数的变量 jye 的估计系数为 0.007，在 10% 水平上显著，表明就业人员数量的上升反而降低了我国的外商投资水平。（7）代表政府干预经济的变量 $bzczh$ 的估计系数为 -0.055，且在 1% 水平上显著，说明政府支出水平的提高会降低外商投资水平。本章认为可能由于政府支出越高，反映当地的市场化水平不高，寻租较大，从而造成了外商投资较为慎重。

7.3.2 要素价格扭曲对我国消费行为影响的实证分析

本部分基于省际面板数据（1990~2012 年），从全国总体层次上考察分析要素价格扭曲对我国消费行为的影响，在这里消费行为包括总体消费行为、居民消费行为和政府消费行为。我们之所以考察居民和政府消费行为，是由于在要素价格扭曲的情况下，居民和政府收入可能会发生变化，其消费倾向可能也会有变化，而且从图 7-4~图 7-6 要素价格扭曲同消费行为的散点图也可以看出，三者之间是有差异的，特别是在居民消费行为和政府消费行为之间。因此，为了更好地刻画分析要素价格扭曲同我国消费行为之间的关系，本部分在引入控制变量的前提下，使用两种动态面板 GMM 估计方法，即两阶段系统广义矩估计方法和两阶段差分广义矩估计方法。本部分估计分析使用 Stata 11.0，估计结果见表 7-4。

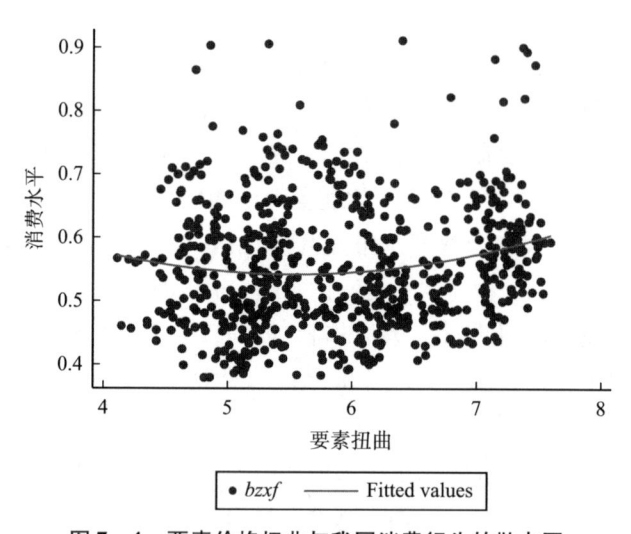

图 7-4 要素价格扭曲与我国消费行为的散点图

注：纵坐标表示全社会消费情况，数值越大表示消费拉动越强；横坐标表示要素价格扭曲，数值越大表示扭曲越严重。

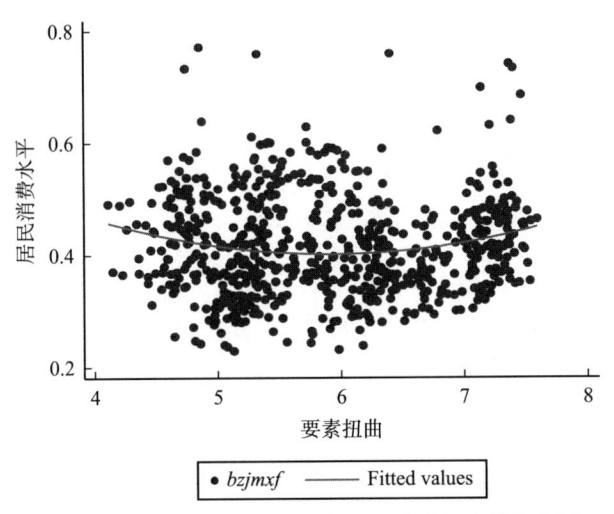

第 7 章　要素价格扭曲、收入分配与内需不足

图 7-5　要素价格扭曲与我国居民消费行为的散点图

注：纵坐标表示居民消费情况，数值越大表示居民消费拉动越强；横坐标表示要素价格扭曲，数值越大表示扭曲越严重。

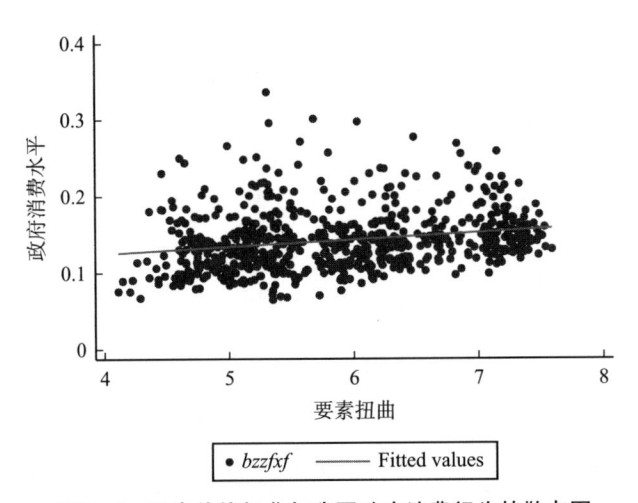

图 7-6　要素价格扭曲与我国政府消费行为的散点图

注：纵坐标表示政府消费情况，数值越大表示政府消费拉动越强；横坐标表示要素价格扭曲，数值越大表示扭曲越严重。

表 7-4　　　　　　　要素价格扭曲对消费行为影响的估计结果

变量	中国整体消费行为 bzxf		中国居民消费行为 bzjmxf		中国政府消费行为 bzzfxf	
	模型 13	模型 14	模型 15	模型 16	模型 17	模型 18
	SYS-GMM	Diff-GMM	SYS-GMM	Diff-GMM	SYS-GMM	Diff-GMM
L1.	0.6957*** (11.56)	0.2869*** (7.31)	0.8910*** (13.88)	0.4495*** (9.05)	0.9274*** (28.8)	0.594*** (11.02)
L2.	-0.1845*** (-5.52)	-0.1016** (-2.58)	-0.2126*** (-4.12)		-0.1415*** (-3.7)	-0.055* (-1.72)
dist	-0.0721*** (-10.67)	-0.0422*** (-6.38)	-0.0751*** (-9.41)	-0.0526*** (-10.44)	0.0011*** (4.03)	0.0016*** (3.16)
distsq	0.0058*** (10.43)	0.0033*** (5.66)	0.0059*** (8.42)	0.0038*** (8.68)		
rjy	-0.0605*** (-8.27)	-0.0911*** (-14.43)	-0.0443*** (-3.93)	-0.0788*** (-14.35)	-0.010*** (-4.77)	-0.0126*** (-4.95)
finance	0.0092*** (3.42)	0.0166*** (7.06)	0.0174*** (4.25)	0.0232*** (6.38)		
lnjy	0.1262*** (4.41)	0.1454*** (5.08)	0.0715*** (3.98)	0.1102*** (5.79)	0.051*** (3.75)	0.0634*** (4.2)
ersancy	0.0300*** (2.64)	0.0612*** (6.09)			0.0175*** (5.8)	0.0225*** (3.73)
x	-0.0130*** (-3.16)	0.0033 (0.53)	-0.0155* (-1.85)	-0.0117* (-1.86)	0.0027 (0.92)	0.008** (1.95)
bzczh	0.1076*** (3.02)	0.1120*** (3.4)	0.0809** (2.12)	0.1166*** (5.38)	0.0434*** (2.56)	0.0604*** (4.65)
bzfdi			0.1451*** (3.21)	-0.0345 (-0.74)	0.0148 (0.61)	0.0078 (0.28)
AR1-检验	-3.8756 [0.0001]	-2.9249 [0.0034]	-4.2467 [0.0000]	-3.7596 [0.0002]	-3.5196 [0.0004]	-3.4372 [0.0006]
AR2-检验	2.0748 [0.380]	1.6622 [0.1965]	1.8189 [0.1689]	-0.86172 [0.3888]	1.0701 [0.2846]	0.7265 [0.4675]
Sargan 检验	21.841 [1.000]	21.8849 [0.9831]	26.4425 [0.9375]	26.5192 [0.1493]	26.1716 [0.9422]	25.626 [0.9373]
观测值	609	580	609	609	609	580
省个数	29	29	29	29	29	29

注：(1) Diff-GMM 代表两阶段差分广义矩估计模型，SYS-GMM 代表两阶段系统广义矩估计；(2) 圆括号里的数据为估计系数的 t 值，方括号里数据为统计量的 p 值；(3) L1. 代表相应模型被解释变量的滞后一期，L2. 代表相应模型被解释变量的滞后两期，distsq 代表变量 dist 的平方变量；(4) *** 表示在 1% 水平上显著，** 表示在 5% 水平上显著，* 表示在 10% 水平上显著。

在表 7-4 中，模型 13 和模型 14 是回归分析的要素价格扭曲对中国整体层次上消费行为的影响；模型 15 和模型 16 是从全国总体层上回归分析的要素价格扭曲对中国居民消费行为的影响；模型 17 和模型 18 是从全国总体层次上回归分析的要素价格扭曲对中国政府消费行为的影响。另外我们通过对比两阶段系统 GMM 方法和两阶段差分 GMM 估计结果可以看出，模型 13 和模型 14、模型 15 和模型 16、模型 17 和模型 18 中核心变量估计系数的符号都是一致的，且在统计上显著，这说明我们的回归结果总体上是稳健的。在系统 GMM 和差分 GMM 估计中，我们使用 Arellano – Bond 统计量检验广义矩估计中扰动项序列相关问题，模型 13~模型 18 的二阶序列相关 AR2 检验结果表明，检验结果都拒绝了扰动项非自相关的原假设，说明我们的系统 GMM 方法是科学的；也针对工具变量过度识别问题进行了 Sargan 检验，从表 7-4 中可以看出 Sargan 检验的 p 值都大于 0.1，表明我们不能拒绝"所有变量都是有效的"的原假设。综合 Sargan 检验和 Arellano – Bond 统计量检验，我们设定的模型是合理的，工具变量也是有效的，因此本部分结合阿雷亚诺和博韦尔（1995）和布伦德尔（1998）的研究和前述分析，我们选择选择两阶段系统 GMM 估计结果作为基准模型进行分析，即模型 13、模型 15 和模型 16。

7.3.2.1 要素价格扭曲对中国整体消费行为的影响（模型 13 和模型 14）

第一，我们分析本部分的核心解释变量要素价格扭曲，从表 7-4 中模型 13 回归结果可以看出，要素价格扭曲 $dist$ 的估计系数为 -0.0721，要素价格扭曲的二次方 $distsq$ 的估计系数为 0.0058，且都在 1% 水平上显著，这说明要素价格扭曲同中国的消费行为之间的关系是非线性关系，根据估计结果可知两者之间应是呈"U"型关系。也就是说当要素价格扭曲程度低于某一程度时，要素价格扭曲的降低可以增强中国的消费倾向，促进消费水平的提高；反之，当要素价格扭曲高于某一程度时，进一步加剧要素价格扭曲，可以提高总体消费水平。本章针对这一现象给出解释：一是由于本书的中国消费行为是全国居民消费行为和政府消费行为的加总，而要素价格扭曲对中国居民的消费行为和中国的各地政府消费行为的影响是有差异的，后面将作进一步的分析，这一差异性造成了中国要素价格扭曲和消费行为之间的"U"型关系；二是本章认为当要素价格扭曲程度较低时，劳动和资本的收益会相应上升，从而增加劳动和资本所有者的消费，这会造成"U"型关系左半部分的情况；三是认为当要素价格扭曲程度较高时，劳动和资本的收益会相应降低，但是会相应增加雇佣劳动和资本的雇主的收益，当然这极可能会加大收益分配的不公平，因少数人的奢侈、浪费带动了消费水平的提高。

第二，我们将针对被解释变量进行简要的分析，从表 7-4 中可以看出中国消费行为滞后一期 $L1.bzxf$ 的估计系数为 0.6957，整体消费行为滞后两期 $L2.bzxf$ 的估计系数为 -0.1845，而且都在 1% 的水平上显著，这表明当期的消费会促进下一期的消费，但是从长期看当期消费会对未来产生抑制效应，从估计系数的大小可以看出，消费行为本身对未来的影响还是很大的。本章认为可能的原因如下：一是普遍存在的消费行为的"棘轮效应"和连贯效应，即便人们的收入降低，也很难在短期内猛然降低消费水平，消费具有"就高不就低"的倾向，从而造成了当期消费促进下期消费的短期现象；二是人们的收入不是无限的，消费面临预算约束，因此当期的消费会降低未来的消费能力，从而降低了未来的消费水平。

第三，为了更好地分析本章的问题，我们引入了相应控制变量，下面将根据表 7-4 中模型 13 估计结果进行具体分析。(1) 代表经济发展水平的变量 rjy 的估计系数为 -0.0605，且在 1% 水平上显著，说明经济发展水平的提高会降低我国的消费水平。这似乎是不合理的，但是本章认为这比较符合我国当前的发展阶段和国际惯例，因为当经济发展得起点处在较低水平上时，伴随经济的发展，首先要满足基本的消费需要，无论是个人还是政府都是这样，从而造成了经济发展和消费之间"异常而又正常"的现象。从图 7-7 的散点图也可以看出，当经济发展水平超过 10 时，有促进消费水平增加的倾向，但是因为当前我国经济发展水平多数省份尚处在转折点的左侧，从而造成了经济发展和消费间的负相关关系，而不是"U"型关系或正向关系，但是本章预测我国当前正处在"U"型的转折点上，我国的整体消费水平在经历了多年以来的降低后，会出现增长的迹象。(2) 代表金融发展水平的变量 $finance$ 的回归系数为 0.0092，且在 1% 水平上显著，这说明金融发展有利于消费水平的提高。一是金融发展水平越高的地区，其资本活力和保值增值性越好，越有利于财富的增加，财富增加增强了行为人的购买能力和购买欲望，从而提高了消费水平；二是金融发展水平越高的地区，一方面行为人也更容易进行借贷和融资，另一方面也可以对一生的财富进行理性的平滑消费，两方面都有利于降低行为人现实的预算约束，进而增加了消费。(3) 代表人力资本水平的变量 $lnjy$ 的估计系数为 0.1262，且在 1% 水平上显著，这说明在我国人均受教育水平的提高有利于消费的增加。本书认为人均受教育水平越高，对个人来说其相应的技能和学习能力也会越高，相应的收入水平也会越高，从而提高消费水平；对一个地区来说，人均受教育水平越高，有利于进行产业升级和结构转型，而处在产业链水平越高的地区，其相应的收益分配权也会越大，收益的提高必然会增加消费水平。(4) 代表产业结构的变量 $ersancy$ 的估计系数为 0.03，且在 1% 水平上显著，本章选取的产业结构变量是第三产业与第二产业增加值的比值，估计结果说明第三产业发展有利于提升产业结构水平，进而带动消费水平的上升。对其进行解释：一是由于第三产业多是服务行业，甚至部分第三产业的发生本身就是消费，那么这部分第三产业的发展自然会提高消费水平；二是由于第三产业产业多收入水平高，带动效应强。(5) 代表开放水平的变量 x 的估计系数为 -0.013，且在 1% 水平上显著，符号为负说明一个地方开放水平越高反而会降低该地区的消费水平。本章认为一是这可能和我国的发展阶段有关，当前拉动我国经济发展的"三驾马车"（投资、消费和出口）严重不平衡，消费不足，靠投资拉动经济增长，依赖出口解决产能的过剩，我国沿海省份对此有强烈的"路径依赖性"；二是我们选择的开放水平变量是进出口占 GDP 的比值，而出口和消费都是支出法计算的国内生产总值的一部分，因此一者水平的提高必然会造成另一者水平的下降，再加上我国"投资与出口拉动的经济增长模式"，从而造成开放水平和消费水平之间的负向关系。(6) 代表政府干预经济程度的变量 $bzczh$ 的估计系数为 0.1076，且在 1% 水平上显著，这说明在我国政府干预经济程度和财政支出水平越高，反而有利于消费水平的上升。这种不合理的经济现象出现可能由于：一是财政支出的增加会增加政府的消费水平，间接提高了总体消费水平；二是政府通过增加财政支出干预经济，降低了居民和企业的收益，但是财政支出如果用于补贴消费者或者企业，就会增加整个社会的消费水平，不过当前在我国更多的还是增加了政府的消费带动的。

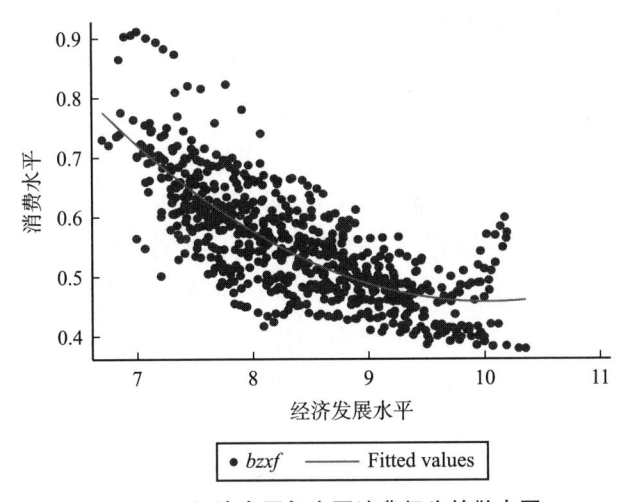

图 7-7 经济发展与中国消费行为的散点图

注：$bzfdi$ 表示外商投资行为，用纵坐标度量，数值越大表示对外资吸引力越强；横坐标用来衡量要素价格扭曲，数值越大表示扭曲越严重。

7.3.2.2 要素价格扭曲对中国居民消费行为的影响（模型15和模型16）

通过对比分析要素价格扭曲同中国整体消费行为的散点图（见图7-4）和要素价格扭曲同中国居民消费行为的散点图（见图7-5）可以看出，二者之间基本相似，都呈"U"型关系。这说明两者的回归结果系数符号方向具有一致性，而解释变量对整体消费行为和居民消费行为的影响程度是否相同，差异又在何处？这都有待我们进行分析，下面将利用表7-4中模型15系统GMM估计结果进行分析。

第一，我们看核心解释变量要素价格扭曲的估计情况，从模型15估计结果看出要素价格扭曲 $dist$ 的估计系数为 -0.0751（小于模型13中的系数 -0.0721），要素价格扭曲的二次方 $distsq$ 的估计系数为 0.0059（大于模型13中的相应系数 0.0058），实证结果表明要素价格扭曲同中国居民消费行为间呈"U"型关系。通过对比模型13和模型15的估计结果可以看出，要素价格扭曲同中国居民消费行为间的"U"型曲线更陡峭，敞口更狭窄，这说明要素价格扭曲在低于某一程度时，要素价格扭曲的降低也能更快地提高中国居民消费水平，反之也会更快地降低居民的消费；而当要素价格扭曲高于某一程度时，要素价格扭曲程度的变大也会更快地提高居民的消费水平。对此的解释可能是由于居民比政府更容易受市场环境影响，要素价格扭曲的波动很快会影响居民的收入变动，而对政府支出和收入影响并不大，因为政府可以从不同的个体或企业进行征税，政府消费受影响较小平滑了总体消费，造成了要素价格扭曲同中国总消费行为间的"U"型曲线更平滑。关于要素价格扭曲同居民消费之间呈"U"型关系，本书认为是由于要素价格扭曲造成了收入分配的不公平，通过收入分配影响了居民的消费。

第二，从表7-4模型15估计结果可以看出，被解释变量中国居民消费行为滞后一期 $L1.bzjmxf$ 的估计系数为 0.891（大于模型13中 $L2.bzxf$ 系数 0.6957），滞后两期 $L2.bzjmxf$ 的估计系数为 -0.2126（小于模型13中 $L2.bzxf$ 系数 -0.1845），对比模型13的估计结果可以看出，当期中国居民消费行为对未来居民消费的影响同当期中国总体消费对未来的影响方向上是一致的，但影响大小上具有差异，而且当期中国居民消费行为对未来影响强度更大。本书认为这可能是由于政府和居民消费支出波动程度决定的，而且政府受限制较多，消费波动性更小，而居民随意性大，相应消费波动型也就偏大，从而造成了居民消费行为和总体消费行为的差别。至于滞后一期系数符号为正，滞后两期系数符号为负，认为可能是由于"棘轮效应"和本期消费会占用未来消费决定的，而且居民比政府更明显。

第三，针对居民消费行为的分析，我们也引入了相应的控制变量，下面进行具体解释。(1) 代表经济发展水平的变量 rjy 的回归系数为 -0.0443，且在 1% 水平上显著，这说明当前我国经济发展水平的提高并不会提高居民的消费水平，反映目前我国居民没有更好地享受改革开放以来经济发展的成果，收入分配的不公平和社会保障体系不健全等现象长期存在，因此造成了伴随经济发展水平的提高，居民消费水平反倒下降的局面。(2) 代表金融发展水平的变量 $finance$ 的估计系数为 0.0174 （远高于模型 13 中的估计系数 0.0092），且在 1% 水平上显著，这说明金融发展水平的提高能够促进居民消费水平的上升。对比模型 13 可看出，中国居民消费水平比总体消费水平更易受金融发展水平的影响，可能是由于金融发展水平提高一方面有利于提高居民的财富收益；另一方面，融资、贷款方便也有利于解决居民个人面临的预算约束。(3) 代表人力资本水平的变量 $lnjy$ 的估计系数为 0.0715 （小于模型 13 中的估计系数 0.1262），且在 1% 水平上显著，系数为正表明人均受教育年限的上升能够提高居民的消费水平。对居民个人而言，受教育年限上升有利于获得收入更好的职位，从而提高消费水平；至于该结果小于模型 13 中的估计系数为 0.1262，一是居民个体受教育水平的上升具有正的外部性，由此而带来的收益并没有完全让个体享受，二是通过政府税收，人均受教育水平总体消费水平的影响较大。(4) 代表开放水平的变量 x 的估计系数为 -0.0155，在 10% 水平上显著，这说明开放水平的提高会降低各地居民的消费水平，也反映了开放水平上升带来的收益没有完全被居民享受，而是因要素价格扭曲造成财富被转移。如张曙光和程炼（2010）年研究认为价格扭曲造成财富在不同行为人之间的分配不公和转移，对外开放水平上升引起的财富从国内向国外的转移也是其中之一。(5) 代表政府干预经济程度的变量 $bczh$ 的估计系数为 0.0809，在 5% 水平上显著，表明财政支出的增加会促进居民消费水平的提高，一是由于政府支出增加，也会增加对居民的转移性支出，提高居民的消费能力；二是政府可能会通过将支出增加到对企业的补贴中去，进而干预企业的收入分配，促进分配的公平。(6) 代表外商投资水平的变量 $bzfdi$ 的估计系数为 0.1451，在 1% 水平上显著，表明外商对我国投资水平的增加会提高居民的消费水平。可能的原因如下：一是外商投资到当地会提高该地的就业水平，提高整个居民的平均收入水平；二是外商投资也会相应带动其他产业和服务的发展，进而提高当地的消费水平。

7.3.2.3 要素价格扭曲对中国政府消费行为的影响（模型 17 和模型 18）

在分析了要素价格扭曲对中国总体消费行为和居民消费行为的影响后，我们发现解释变量对二者的影响既有影响方向的一致性，也有影响大小的差异（体现在系数大小上），而总体消费行为又是居民消费行为和政府消费行为的加总，因此为了更深入地分析要素价格扭曲对中国消费行为的影响，接下来将分析要素价格扭曲对政府消费的影响。

第一，从表7-4中的模型17估计结果可看出，核心解释变量要素价格扭曲 dist 对中国政府消费的影响系数为 0.0011，且在 1% 水平上显著，表明要素价格扭曲促进了中国政府的消费。本书的解释如下：一是由于中国的经济和改革是由政府主导的；二是由于中国财政分权制度以及地方政府间的竞争模式，因此造成了各级政府既有能力又有动力发展当地经济，增加财政收入，提高自己晋升的资本。结果就是地方政府通过扭曲要素价格，包括资本、劳动和土地等以便于引进外来投资和增加当地投资，由投资而拉动的经济增长带来的经济收益又更多地被当地政府和投资企业占有，因此这种分配的不公平不仅不会降低政府的收入，而是增加其收入，进而也就提高了政府消费水平。政府能够通过要素价格扭曲从中获益，自然也就会有动力来扭曲要素，这也是近年来我国要素市场化发育程度缓慢的原因。

第二，从表7-4中国模型17估计结果看出，中国政府消费水平滞后一期的估计系数为 0.9274，滞后两期的估计系数为 -0.1415，且都在 1% 水平上显著，表明当期政府消费对未来一年和两年的政府消费具有显著影响，而影响方向具有差异性。滞后一期的影响系数符号为正，这说明政府的消费也同样具有"棘轮效应"和追加的惯性；滞后两期的消费系数符号为负，说明政府的消费能力也不是无限的，也受预算收入的影响，或者是由于政府的消费支出是项目支出、临时性支出等（这些消费具有不可持续性，当期或下期完毕后，不需要进一步的消费，从而降低了未来的政府消费）。通过对比模型13和模型17也可以看出，政府消费水平的回归系数明显高于居民消费水平的回归系数，这反映政府消费的"棘轮效应"更强，而且消费的微调和收敛效应也更差，这同现实也比较符合，政府减少支出太难、太慢。

第三，从表7-4中的模型17可以看出，控制变量的估计结果并没有模型13中的估计结果理想，而且有些变量不显著，这也从总体上反映政府的消费行为更具有刚性，调整性差，受其他宏观经济变量的影响较小，下面我们将具体到变量分析。(1) 反映经济发展水平的变量 rjy 的估计系数为 -0.01，在 1% 的水平上显著，这表明伴随经济发展水平的上升，政府的消费水平也没有提高，不过通过对比模型13和模型15可看出，经济发展水平对政府消费的影响程度要远小于总体消费和居民消费水平。可能是由于一方面，当前我国经济发展阶段较低，经济尚处于积累阶段，经济发展所产生的财富更多地用于再投资和再生产，从而造成了政府和居民消费双负向影响；另一方面，居民个人需要考虑未来的消费、养老、子女上学等不确定和确定因素，而且政府未来的收入也比居民个人更稳定和持续，从而造成了政府和居民个人消费行为上的差异和消费水平的不同，也就出现政府和居民面临同样的经济发展水平却做出了不同的消费抉择的局面。(2) 反映人力资本水平的变量 $\ln jy$ 的估计系数为 0.051，在 1% 水平上显著，表明一个地区人力资本水平上升能够提高该地的政府消费水平，但影响程度小于对居民消费行为的影响（对比模型 15 估计结果得出）。可能是由于人均受教育水平越高的地区，当地劳动力素质也会越好，一般也会拥有更高的经济效率，有利于吸引外来的投资，这也能够间接增加当地政府的收入，进而拉动政府的消费。(3) 反映开放水平的变量 x 和反映外商投资水平的变量 $bzfdi$ 的回归结果不显著，但回归系数符号都为正，这可能是由于政府消费的刚性和区位因素，从而造成反映开放水平和外商投资水平的变量不显著。(4) 反映产业结构的变量 $ersancy$ 的估计系数为 0.0175，在 1% 水平上显著，这表明产业结构等级越高，或者说第三产业相比第二产业发展越好，越能促进政府的消费。这可能使第三产业的发展带动经济结构转型，能够吸引更多的劳动力，解决更多的就业，提高整体技术水平和资源配置效率，进一步提高了当地的财政收入，间接促进了政府消费。(5) 反映政府干预经济程度的变量 $bzczh$ 的估计系数为 0.0434，在 1% 水平上显著，表明政府干预经济的程度越大，其相应的政府消费水平也越高。这比较符合现实情况，政府干预经济除了行政手段外，就是通过消费支出，提高自身对经济的影响力；反过来，政府想提高干预经济程度，也就需要增加政府消费支出来实现。

总之，通过对比分析要素价格扭曲对我国总消费行为、居民消费行为和政府消费行为的实证结果可以看出，要素价格扭曲和其他控制变量对三者的影响是有差异的，要素价格扭曲是近年来我国居民消费需求不足的主要原因。

7.3.3 对消费需求的再检验

本小节基于省级面板（1990~2012 年）数据，从全国总体层次上实证分析要素价格扭曲与收入分配对中国近年来逐渐恶化的消费—投资失衡问题的影响。这不仅有利于分析中国严重的投资消费失衡问题，而且有利于找出要素价格扭曲对投资和消费影响的差异，从而为转变经济增长方式提出更有针对性的建议。本小节估计分析使用 Stata 11.0，估计结果见表 7-5。

表 7-5　　　要素价格扭曲、收入分配与消费失衡的估计结果

变量	模型 19 SYS-GMM	模型 20 SYS-GMM	模型 21 SYS-GMM	模型 22 Diff-GMM	模型 23 SYS-GMM	模型 24 SYS-GMM	模型 25 Diff-GMM
	lnixf						
L1.lnixf	0.607*** (0.047)	0.593*** (0.040)	0.572*** (0.048)	0.600*** (0.037)	0.605*** (0.048)	0.601*** (0.047)	0.429*** (0.037)
L2.lnixf	-0.252*** (0.023)	-0.237*** (0.026)	-0.168*** (0.038)	-0.453*** (0.052)	-0.306*** (0.023)	-0.235*** (0.049)	0.009*** (0.057)
$dist$	0.033*** (0.006)	0.034*** (0.005)	0.024*** (0.008)	0.017*** (0.006)	0.033*** (0.006)	0.018* (0.011)	0.022** (0.007)
$ldbc$		-0.131 (0.157)	-0.313* (0.201)	-0.020 (0.118)			
$cxcj$					-0.067*** (0.013)	-0.124*** (0.019)	-0.046*** (0.013)
$dist \times ldbc$			0.111** (0.057)	-0.013 (0.041)			
$dist \times cxcj$						0.018** (0.008)	0.004** (0.005)
rjy	0.285*** (0.035)	0.276*** (0.034)	0.284*** (0.052)	0.503*** (0.024)	0.307*** (0.037)	0.322*** (0.037)	0.280*** (0.034)
$finance$	0.032** (0.013)	0.037** (0.014)	0.020 (0.019)	0.058*** (0.015)	0.026** (0.013)	0.007 (0.016)	0.094* (0.016)
lnjy	-0.228 (0.157)	-0.207* (0.129)	-0.324** (0.150)	-0.297*** (0.062)	-0.177*** (0.174)	-0.404* (0.225)	-0.854* (0.140)
$ersancy$	-0.370*** (0.055)	-0.375*** (0.058)	-0.416*** (0.056)	-0.152*** (0.046)	-0.379*** (0.056)	-0.373*** (0.062)	-0.279*** (0.049)
x	-0.343*** (0.059)	-0.362*** (0.066)	-0.318*** (0.050)	-0.138*** (0.034)	-0.345*** (0.078)	-0.305*** (0.079)	-0.095*** (0.038)
$bzfdi$	2.735*** (0.365)	2.684*** (0.743)	3.044*** (0.430)	1.670** (0.735)	2.910*** (0.383)	2.991*** (0.763)	1.723*** (0.369)
$bzczh$	1.920*** (0.298)	1.848*** (0.313)	1.744*** (0.334)	0.396* (0.254)	2.172*** (0.340)	2.093*** (0.355)	2.054*** (0.261)
_cons	-1.582*** (0.173)	-1.474*** (0.228)	-1.323*** (0.311)	-4.024*** (0.257)	-1.645*** (0.204)	-1.254*** (0.300)	-0.439*** (0.252)

续表

变量	ln*ixf*						
	模型 19	模型 20	模型 21	模型 22	模型 23	模型 24	模型 25
	SYS–GMM	SYS–GMM	SYS–GMM	Diff–GMM	SYS–GMM	SYS–GMM	Diff–GMM
AR1–检验	−1.794 [0.042]	−2.742 [0.011]	−2.663 [0.009]	−3.303 [0.001]	−2.848 [0.006]	−1.954 [0.049]	−2.724 [0.006]
AR2–检验	−1.127 [0.259]	−1.205 [0.227]	−1.430 [0.152]	0.669 [0.503]	−1.049 [0.294]	−1.248 [0.211]	1.478 [0.139]
Sargan 检验	25.457 [0.953]	25.738 [0.949]	26.330 [0.939]	25.521 [0.939]	25.399 [0.954]	24.928 [0.960]	24.279 [0.958]
观测值	609	609	609	580	609	609	580
省个数	29	29	29	29	29	29	29

注：（1）Diff–GMM 代表两阶段差分广义矩估计模型，SYS–GMM 代表两阶段系统广义矩估计；（2）圆括号里的数据为估计系数的标准差，方括号里数据为统计量的 *p* 值；（3）*L*1. 代表被解释变量的滞后一期，*L*2. 代表被解释变量的滞后两期；（4）*** 表示在 1% 水平上显著，** 表示在 5% 水平上显著，* 表示在 10% 水平上显著。

在表 7–5 中，模型 19 回归分析了要素价格扭曲对我国消费投资失衡的影响；在模型 20 中我们加入以劳动报酬占比衡量的要素收入分配失衡变量，得到了回归结果；模型 21 是在模型 20 的基础上又加入了要素价格扭曲与要素收入分配的交叉项后的回归结果；模型 23 是在模型 19 的基础上加入了城乡收入差距变量；模型 24 加入了城乡收入差距和要素价格扭曲的交叉项，并得到了估计结果。从表 7–5 中模型的回归结果可以看出，变量的估计系数在不同模型估计结果中的符号是一致的，多数是显著的。在广义矩估计中，我们利用 Sargan 检验模型 19～模型 25 的"工具变量过度识别问题"，结果显示 Sargan 检验的 *p* 值都在 0.9 以上，表明我们不能拒绝"所有工具变量均有效"的原假设，即说明我们选择的工具变量是有效的；使用 Arellano–Bond 统计量检验模型 19～模型 25 的扰动项序列相关问题，结果显示扰动项存在一阶自相关，但不存在二阶自相关支持估计方程的扰动项不存在二阶自相关的假设。综合 Sargan 检验和 Arellano–Bond 统计量检验，我们设定的模型是合理的，工具变量也是有效的。阿雷亚诺和博韦尔（1995）和布伦德尔（1998）及鲁德曼（2006）研究认为使用系统广义矩估计 GMM 方法可以增强工具变量的有效性，因此本章结合上面的分析，将选择模型 21 和模型 24 作为基准模型进行实证结果分析。

首先我们将分析核心解释变量要素价格扭曲和收入分配变量及其交叉项。

(1) 代表要素价格扭曲的变量 dist 的估计系数在表 7-5 各估计模型中始终为正，且在 1% 的水平上显著。这反映在样本期间内，要素价格扭曲显著扩大了投资与消费之间的差距，是投资消费失衡的重要原因之一。(2) 代表以劳动报酬占比衡量的要素收入分配失衡变量 ldbc 在模型 21 中的估计系数为 -0.313，且显著，这表明样本期间内劳动报酬占比的上升能够降低投资与消费之间的差距，反映要素收入分配的合理化有利于投资与消费的合理化，以及拉动经济增长方式的合理化。但是我们发现要素价格扭曲和劳动收入份额的交叉项 $dist \times ldbc$ 的估计系数为 0.111 且显著，这说明二者在联合作用下拉大了投资与消费之间的差距，是近年来投资与消费差距不断扩大的重要原因。(3) 从模型 24 的估计结果可以看出，用城乡居民人均收入比度量的居民收入分配 cxcj 的估计系数显著为负，大小为 -0.124，这说明城乡收入差距的扩大能够缩小投资与消费之间的差距，居民收入分配失衡的加剧会缓解投资—消费失衡。解释如下：一是这一现象的出现是由我国特定经济发展阶段决定的，或者是由于我们指标的选择决定的；二是由于城乡收入差距的扩大对消费的促进效应（在目前情况下，我国城市整体收入水平并不高，城市居民人均收入的上升，也用于了消费，而不是用于投资或者储蓄，从而出现了收入差距扩大反而利于消费的"畸形"现象）大于其对投资的促进效应。(4) 模型 24 中要素价格扭曲和居民收入分配变量的交叉项 $dist \times cxcj$ 的估计系数显著为正，这说明二者对投资—消费差距的联合影响为正向效应，在要素价格扭曲的影响下居民收入分配失衡对投资—消费差距的影响发生了变化，由原来的负向效应变成正向效应，是投资消费失衡加剧的重要原因。

其次，从表 7-5 各估计模型中可以看出，投资消费差距变量的滞后一期的估计系数都显著为正，滞后二期的估计系数都显著为负，这表明当期投资消费差距的扩大会拉大下一期的投资消费差距，但是在滞后二期时这一影响则由促进变成了抑制。解释如下：一是在短时间内，投资的惯性效应更强，比居民消费更难改变；二是长期来看经济发展受消费内需的影响，投资带来的产能过剩也需要消费来解决，从而出现了投资消费差距的收敛现象。

最后，从表 7-5 中可以看出控制变量也是影响投资与消费差距的重要因素，总体上看，控制变量在各模型估计结果中系数符号是一致的，且多数是显著的。其中代表经济发展水平 rjy、金融发展水平 finance、外商投资水平 bzfdi 及政府支出水平变量 bzczh 的估计系数都显著为正，说明这几个变量水平的上升显著拉大了投资与消费之间的差距，是造成投资—消费失衡的重要原因。而人均受教育水平、产业结构水平及对外开放水平的估计系数显著为负，它们的上升能够降低投资与消费间的差距，有利于缓解投资与消费的失衡。总之，造成消费需求不足和依赖投资拉动的经济增长模式的原因是多方面的，这一现象既内生于我国经济发展阶段，也受外在因素的影响。

7.4 本章小结

本章在前面研究的基础上，进一步探讨了要素价格扭曲的经济后果，并从要素价格扭曲、收入分配的角度实证分析了当前学术界和社会普遍关注的消费需求问题。我们知道，自从20世纪90年代以来，我国整体消费水平开始逐渐走低，最终消费从1990年的占GDP比重的64.6%降到2012年的50.7%，而居民消费水平则由50.5%降到36.8%，消费的长期低迷对我国经济的可持续发展产生了不利影响，使得经济发展长期依赖于投资和出口，经济发展受国外影响较大，容易波动。因此在这个背景下，本章基于我国1990~2012年省级面板数据，并利用动态面板GMM估计方法，实证分析了要素价格扭曲、收入分配同我国消费需求之间的关系，本章的研究结论主要体现在以下方面：

第一，为了更好地刻画对我国消费需求的影响，我们先实证分析了要素价格扭曲、收入分配对"我国投资拉动的经济发展模式"的影响。实证结果显示，要素价格扭曲显著影响了我国的地方投资行为，要素价格扭曲程度的提高促进了我国投资的快速增长，要素价格扭曲不仅固化了地方投资行为，而且使得地方经济发展产生了较强的路径依赖。另外我们还发现，劳动报酬占比的提升有助于降低投资水平，使经济发展趋向合理，然而近年来我国劳动报酬份额不断降低，要素收入分配不平衡问题越来越凸显。

第二，我们重点探析了要素价格扭曲、收入分配对我国消费需求的影响，以期能够为解决我国长期存在的消费不振现象得到启示。研究表明：要素价格扭曲特别是劳动价格扭曲的加剧显著不利于我国消费水平的上升，是我国近年来消费持续不振的重要原因之一；劳动报酬份额的上升有利于我国消费需求的提高，缓解当前存在的要素收入分配不平衡问题，有助于解决消费的持续低迷。另外我们发现，要素价格扭曲和其他变量对政府消费的影响多数不显著，对其影响不明显，这说明政府消费具有较强的独立性，很少受外界干扰。

第三，为了更好地探析消费需求长期低迷原因及其影响，我们把消费和投资融合为一个变量进行了再检验。研究结果表明：要素价格扭曲程度的上升加剧了消费与投资之间的差距，不利于消费水平的增加，而劳动报酬份额的上升有助于缓解消费和投资之间的差距，有助于消费和投资的合理化。在我们引入要素价格扭曲和劳动报酬份额的交叉项后，发现虽然要素价格扭曲和劳动报酬份额对消费需求的影响未改变，但是交叉项显著扩大了消费与投资间的差距，在要素扭曲背景下劳动报酬的上升也会转向储蓄，进而流向了投资。

第四，在研究中我们加入了影响消费需求的控制变量，这不仅有利于提高研究的稳健性，而且对控制变量的分析也是有益的。多个估计结果表明，目前我国经济发展水平的上升显著不利于整体消费水平的提高，显著有助于投资水平的提高，这说明我国消费水平的长期低迷受经济发展阶段的影响也较大，未来伴随经济发展有可能会突破拐点，向"U"型曲线的右侧轨迹演变。

我国政府在已经确定的第十四个五年规划纲要中明确战略导向提出必须建立"扩大内需的有效制度，加快培育完整内需体系，加强需求侧管理，建设强大国内市场""必须坚定不移推进改革，破除制约经济循环的制度障碍，推动生产要素循环流转"，在十八届三中全会报告中也曾提到"完善收入分配格局和促进经济结构协调"，本章的研究为其提供了直接的理论支持和政策建议。一是加快推进资本市场化程度，改变以国有银行主导的金融发展模式，减少政府干预，促进利率市场化，提高资本配置效率。我国过去主要是在资本价格扭曲下政府主导的投资拉动的经济增长模式，未来有必要转变为投资由市场和企业按最优化产出决定，因此我国当前急需提高金融发展水平，减少金融抑制，增加企业融资渠道和个人投资渠道，从而加速资本在不同产业、不同企业和不同地区之间的流动，提高资本配置效率，使得经济发展能够沿着要素禀赋优势发展。二是加快推进劳动市场化，逐步降低劳动价格扭曲，使劳动的工资增长率能够跟上经济发展的速度，使工资水平能够达到劳动的边际产出水平，让劳动者能够分享到他们应得的"蛋糕"，最终使要素收入分配趋向合理。三是影响消费需求的因素是多方面的，要想缓解这一问题，有必要从多方面考虑。从本书的研究看，我国应该逐步提高我国产业结构水平（特别是第三产业）、外商投资水平和人力资本水平，进而逐步推动我国的经济发展水平，使要素收入分配失衡尽快出现拐点。总之，要想实现党的十九届五中全会中提出的"经济结构更加优化"，就必须推进要素市场化，降低要素价格扭曲程度，提高要素的资源配置效率，这不仅有利于提升经济发展水平，把"蛋糕"做大，而且有利于要素分配趋向于合理，使要素收入分配失衡得到平衡，最终推进消费需求的绝对和相对水平的提高。

第8章 结论与建议

8.1 结　　论

近年来，要素价格扭曲、收入分配与消费需求是我国学术界和政府都普遍关注的宏观经济现实和问题。就收入分配而言，近年来我国要素收入分配失衡局面加剧和居民收入差距的不断拉大是当前我国收入分配面临的两个突出问题。我国当前面临着劳动者报酬如何跟上经济的发展，使要素收入分配和居民收入分配都趋于合理化。就消费需求而言，我国自20世纪90年代以来，居民消费需求持续不振已经严重不利于我国经济的发展和转型，造成我国对投资和出口发展模式的依赖越来越严重。就要素价格扭曲而言，资本价格扭曲和劳动价格扭曲长期居高不下，严重影响了我国经济的发展和经济结构转型。实现资源配置的市场化，避免政府的干预，是我国当前要素市场化改革的关键。在党的十九届五中全会报告中明确提出"社会主义市场经济体制更加完善，高标准市场体系基本建成，市场主体更加充满活力，产权制度改革和要素市场化配置改革取得重大进展""居民收入增长和经济增长基本同步，分配结构明显改善"。由此可以看出，对要素价格扭曲与收入分配和消费需求之间的关系进行翔实和系统的分析，不仅仅具有理论价值和学术意义，而且具有强烈的现实意义和政策含义。本书从理论上厘清了要素价格扭曲如何影响收入分配和消费需求，进而基于我国1990~2012年的省级面板数据进行了实证检验和分析，主要研究结论如下：

第一，构建模型，从理论上分析了要素价格扭曲对收入分配（包括居民收入分配和要素收入分配）与消费需求的影响，证明它们之间存在经济逻辑关系。理论分析表明，要素价格扭曲加剧了我国的收入分配失衡问题，不利于缓解当前存在的消费需求不足。

第二，我们使用目前常用的衡量要素价格扭曲的方法生产函数法，给出了我国1990~2012年各省份的资本价格、劳动价格和总的要素价格扭曲值，并进行了分析和原因解释。根据求出的结果我们发现：一是我国要素价格扭曲存在几个重要的拐点，即 1993 年的资本价格扭曲、劳动价格扭曲和总的要素价格扭曲达到了"波峰最高值"；2004 年的较小的阶段"波峰最高值"；还有就是 2008 年"波谷阶段最低值"，特别是劳动价格扭曲的拐点更是明显。因此我们认为经济改革和重要经济事件、危机等都会对我国要素价格扭曲产生影响。二是我国要素价格扭曲虽然也经历过阶段性的下降，但是要素价格扭曲的程度一直处在较高的位置；分地区来看，则是东部地区要素价格扭曲程度最低，西部地区长期处在最高的位置，而中部地区要素价格扭曲程度增加最快，近年来中部地区在资本价格扭曲和劳动价格扭曲程度上都超过了西部地区，扭曲程度最为严重；从波动趋势上看，总要素价格扭曲和资本价格扭曲程度在 1993 年达到"波峰"后就进入了一个长期缓慢下降期，但是在 2004 年后进入了新的"拐点"开始缓慢上升，2008 年后进入较快上升期；劳动价格长期来看是一种上扬的趋势，虽然也经历了 2004 年的拐点开始缓慢下降，但是在 2008 年后又恢复了上升的趋势。

第三，对要素价格扭曲与居民收入分配之间的关系进行了检验，结果表明，样本期间内，总要素价格扭曲和资本价格扭曲与我国居民收入分配失衡是正向关系，即总要素价格扭曲和资本价格扭曲自 20 世纪 90 年代以来加剧了我国居民间收入分配的不平衡。但是我们也发现，劳动价格扭曲同居民收入分配失衡之间则呈非线性关，遵循倒"U"型演化曲线，即伴随劳动价格扭曲的上升，居民收入分配失衡经历了先拉大后缩小的过程。

第四，考察了要素价格扭曲、资本价格扭曲和劳动价格扭曲对我国目前严峻的要素收入分配不平衡的影响。研究结果表明，一是总的要素价格扭曲同要素收入分配失衡之间呈平滑的"U"型关系，从散点图可看出图形多数是处在"U"型的底部，仅有少数点在右侧，这说明当前总要素价格扭曲对要素收入分配失衡的影响是很弱的，同时也给我们启示，如果未来总的要素价格扭曲降低，很有可能会促进劳动报酬份额的提升，缓解要素价格扭曲的不平衡，二者之间的关系会更多出现在"U"型曲线的左侧。二是我们发现资本价格扭曲对劳动报酬份额具有显著正向影响，资本价格扭曲程度的上升能够提升劳动报酬份额，缓解要素收入分配失衡。三是劳动价格扭曲对劳动报酬份额具有显著的负向效应，样本区间内，劳动价格扭曲的不断加剧是我国要素收入分配失衡和劳动报酬份额降低的重要原因之一。两章研究可以更系统地理解要素价格扭曲对我国收入配的影响，也为完善我国收入分配格局提供了新的思路。

第五，考察了要素价格扭曲、收入分配对消费需求的影响。研究表明：一是要素价格扭曲显著影响了我国的地方投资行为，要素价格扭曲程度的提高促进了我国投资的快速增长，要素价格扭曲不仅固化了地方投资行为，而且使得地方经济发展产生了较强的路径依赖。另外我们还发现劳动报酬占比的提升有助于降低投资水平，使经济发展趋向合理，然而近年来我国劳动报酬份额不断降低，要素收入分配不平衡问题越来越凸显。二是要素价格扭曲特别是劳动价格扭曲的加剧显著不利于我国消费水平的上升，是我国近年来消费持续不振的重要原因之一；劳动报酬份额的上升有利于我国消费需求的提高，缓解当前存在的要素收入分配不平衡问题有助于解决消费的持续低迷。三是要素价格扭曲程度的上升加剧了消费与投资之间的差距，不利于消费水平的增加，而劳动报酬份额的上升有助于缓解消费和投资之间的差距，有助于消费和投资的合理化。我们引入要素价格扭曲和劳动报酬份额的交叉项后发现，虽然要素价格扭曲和劳动报酬份额对消费需求的影响未变，但是交叉项显著扩大了消费与投资之间的差距，有可能在要素扭曲背景下劳动报酬的上升也会转向储蓄，进而流向投资。

8.2 建 议

本书丰富了要素价格扭曲、收入分配和消费需求领域的研究文献，总体上看，当前要素价格扭曲的持续居高不下，是我国收入分配失衡和消费需求不振的重要原因之一。在党的十九届五中全会报告中明确提出"高标准市场体系基本建成，市场主体更加充满活力，产权制度改革和要素市场化配置改革取得重大进展""居民收入增长和经济增长基本同步，分配结构明显改善"，并作为"十四五"时期的主要目标之一，本章的研究对其提供了直接的理论支持和政策建议。本研究蕴含的政策建议如下：

一是加快推进资本市场化程度，改变以国有银行主导的金融发展模式，减少政府干预，促进利率市场化，提高资本配置效率。过去我国主要是在资本价格扭曲下政府主导的投资拉动的经济增长模式，未来有必要转变为投资由市场和企业按最优化产出决定，因此我国当前亟须提高金融发展水平，减少金融抑制，增加企业融资渠道和个人投资渠道，从而加速资本在不同产业、不同企业和不同地区之间的流动，提高资本配置效率，使得经济发展能够沿着要素禀赋优势发展。

二是加快推进劳动市场化，逐步降低劳动价格扭曲，使劳动的工资增长率能够跟上经济发展的速度，使工资水平能够达到劳动的边际产出水平，让劳动者能够分享到他们应得的"蛋糕"，最终使要素收入分配趋向合理及消费需求上升。

三是政府转移性支付要有针对性，而不是扭曲下的更不公平，应增加对低收入者的转移支付。

四是从本书对控制变量的分析可以看出，影响我国消费需求和收入分配的因素是多方面的。但是我们也发现，收入分配和消费需求很大程度上受经济发展水平和发展阶段的限制，例如经济发展和收入分配之间的库兹涅茨效应，即倒"U"型关系曲线；或者如李稻葵（2009）研究指出我国要素收入分配失衡同经济发展之间存在"U"型关系。因此国家在制定政策时即有必要着眼于当前存在的严峻的收入分配和消费需求问题，同时也要兼顾促进整体经济发展的水平。另外，推动经济发展和解决收入分配和消费需求之间并不矛盾，收入分配的合理化有利于消费需求的上升，进而拉动经济增长和结构转型，经济的增长反过来又有助于收入水平的上升。

总之，要想在"十四五"时期实现党的十九届五中全会提出的"经济结构更加优化，创新能力显著提升，产业基础高级化、产业链现代化水平明显提高"目标，就有必要推进要素市场化，降低要素价格扭曲程度，提高要素的资源配置效率，这不仅有利于提升经济发展水平，把"蛋糕"做大，而且有利于收入分配趋向于合理，进而推进消费需求的绝对和相对水平的提高，最终推动经济发展和结构转型。本书给出了一个关于要素价格扭曲与中国经济结构转型的启示路线（见图8-1）。

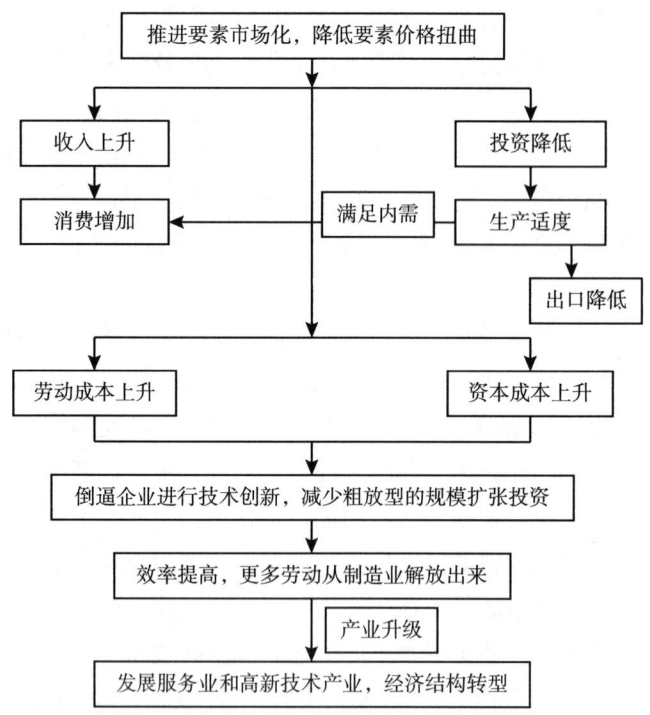

图8-1 要素价格扭曲与中国经济结构转型的启示路线

8.3　不足与未来研究方向

就如何发挥要素价格扭曲对收入分配和消费需求的影响，进而推动我国经济的结构转型和持续发展，避免中等收入陷阱，本书进行了较系统翔实的探讨，并提供了较为科学的理论支持和经验依据。尽管如此，由于受作者研究能力所限及相关文献的数据的限制，本书还存在一些欠缺和不足，有待进一步的探讨。

首先，要素价格扭曲对收入分配和消费需求的影响理论模型构架。现有研究文献缺乏这一方面的研究，本书的理论构架和模型分析，仅结合了我国宏观经济现实，从各自的角度进行了理论构建和分析。因此，期望未来能够整合现有的理论，将要素价格扭曲与居民收入分配和要素收入分配等纳入一个统一的框架内进行讨论分析。

其次，本书仅基于我国省级1990~2012年的数据，有两方面的不足。一方面是宏观数据缺乏相对政策性更强的中观行业层面或微观企业层面的分析；另一方面是时间跨度有必要进一步延长，最好能对我国新中国成立以来的数据进行分析，这样也能对改革开放前后作对比分析。

参 考 文 献

[1] 白重恩, 钱震杰. 国民收入的要素分配: 统计数据背后的故事 [J]. 经济研究, 2007, 3: 27-41.

[2] 白重恩, 钱震杰. 劳动收入份额决定因素: 来自中国省际面板数据的证据 [J]. 世界经济, 2010, 12: 3-27.

[3] 白重恩, 钱震杰. 谁在挤占居民的收入 [J]. 中国社会科学, 2009, 5: 99-116.

[4] 柏培文. 中国劳动要素配置扭曲程度的测量 [J]. 中国工业经济, 2012, 10: 19-31.

[5] 蔡昉, 王德文, 都阳. 劳动力市场扭曲对区域差距的影响 [J]. 中国社会科学, 2001, 2: 4-14.

[6] 曹裕, 陈晓红, 马跃如. 城市化、城乡收入差距与经济增长 [J]. 统计研究, 2010, 27 (3): 29-36.

[7] 常进雄, 王丹枫, 叶正茂. 要素贡献与我国初次分配中的劳动报酬占比 [J]. 财经研究, 2011, 37 (5): 134-144.

[8] 陈斌开, 林毅夫. 发展战略、城市化与中国城乡收入差距 [J]. 中国社会科学, 2013, 4: 81-102.

[9] 陈斌开, 林毅夫. 金融抑制、产业结构与收入分配 [J]. 世界经济, 2012, 1: 3-18.

[10] 陈斌开, 陆铭, 钟宁桦. 户籍制约下的居民消费 [J]. 经济研究, 2010, 增刊: 62-71.

[11] 陈永伟, 胡伟民. 价格扭曲、要素错配和效率损失: 理论和应用 [J]. 经济学 (季刊), 2011, 10 (4): 1401-1422.

[12] 陈钊, 万广华, 陆铭. 行业间不平等: 日益重要的城镇收入差距成因 [J]. 中国社会科学, 2010, 3: 65-77.

[13] 程磊. 收入差距扩大与中国内需不足: 理论机制与实证检验 [J]. 经

济科学, 2011, 1: 11-24.

[14] 樊纲, 王小鲁, 马光荣. 中国市场化进程对经济增长的贡献 [J]. 经济研究, 2011, 9: 4-16.

[15] 范言慧, 段军山. 外商直接投资与中国居民的收入分配 [J]. 财经科学, 2013, 2: 2-7.

[16] 耿伟. 要素价格扭曲是否提升了中国企业出口多元化水平? [J]. 世界经济研究, 2013, 9: 49-55.

[17] 郭庆旺, 吕冰洋. 论税收对要素收入分配的影响 [J]. 经济研究, 2011, 6: 16-30.

[18] 郭庆旺, 吕冰洋. 论要素收入分配对居民收入分配的影响 [J]. 中国社会科学, 2012, 12: 46-63.

[19] 国务院发展研究中心课题组. 农民工市民化对扩大内需和经济增长的影响 [J]. 经济研究, 2010, 6: 4-17.

[20] 郝枫, 赵慧卿. 中国市场价格扭曲测度: 1952-2005 [J]. 统计研究, 2010, 6: 33-39.

[21] 黄乾, 魏下海. 中国劳动收入比重下降的宏观经济效应 [J]. 财贸经济, 2010, 4: 121-129.

[22] 黄先海, 徐圣. 中国劳动收入比重下降成因分析 [J]. 经济研究, 2009, 7: 34-43.

[23] 籍佳婧. 劳动力市场扭曲对我国服务业就业的影响分析 [J]. 上海经济研究, 2013, 2: 132-144.

[24] 江小涓. 大国双引擎增长模式中国经济增长中的内需和外需 [J]. 管理世界, 2010, 6: 1-7.

[25] 蒋含明. 要素价格扭曲与我国居民收入差距扩大 [J]. 统计研究, 2013, 30 (12): 55-63.

[26] 赖文燕. 要素市场配置与我国城乡居民收入差距研究 [J]. 当代财经, 2012, 5: 17-25.

[27] 李稻葵, 刘霖林, 王红领. GDP 中劳动份额演变的 U 型规律 [J]. 经济研究, 2009, 1: 70-82.

[28] 李军. 收入差距对消费需求影响的定量分析 [J]. 数量经济技术经济研究, 2003, 9: 5-11.

[29] 李实, 罗楚亮. 中国收入差距究竟有多大 [J]. 经济研究, 2011, 4:

68-79.

[30] 李文博, 李静. 要素比价扭曲、过度资本深化与劳动报酬比重下降 [J]. 学术月刊, 2011, 43 (2): 68-77.

[31] 林毅夫, 陈斌开. 发展战略产业结构与收入分配 [J]. 经济学季刊, 2013, 12 (4): 1109-1140.

[32] 林毅夫, 苏剑. 论我国经济增长方式的转换 [J]. 管理世界, 2007, 11: 5-13.

[33] 林毅夫, 孙希芳, 姜烨. 经济发展中的最优经济结构初探 [J]. 经济研究, 2009, 8: 4-17.

[34] 刘东皇, 沈坤荣. 要素分配居民收入差距与消费增长 [J]. 经济学动态, 2012, 10: 47-52.

[35] 刘名远, 林民书. 区际贸易、要素价格扭曲与区域经济利益空间失衡 [J]. 财经科学, 2013, 2: 56-64.

[36] 刘瑞明. 金融压抑、所有制歧视与增长拖累——国有企业效率损失再考察 [J]. 经济学季刊, 2011, 10 (2): 605-618.

[37] 陆铭, 陈钊, 万广华. 因患寡, 而患不均: 中国的收入差距投资教育和增长的相互影响 [J]. 经济研究, 2010, 9: 78-84.

[38] 陆铭, 陈钊. 城市化城市倾向的经济政策与城乡收入差距 [J]. 经济研究, 2004, 6: 17-26.

[39] 吕冰洋, 郭庆旺. 中国要素收入分配的测算 [J]. 经济研究, 2012, 10: 27-40.

[40] 吕炜, 高飞. 城镇化、市民化与城乡收入差距 [J]. 财贸经济, 2013, 12: 38-47.

[41] 罗长远, 张军. 经济发展中的劳动收入占比: 基于中国产业数据的实证研究 [J]. 中国社会科学, 2009, 4: 65-80.

[42] 罗长远, 张军. 劳动收入占比下降的经济学解释 [J]. 管理世界, 2009, 5: 25-35.

[43] 罗德明, 李晔, 史晋川. 要素市场扭曲、资源错置与生产率 [J]. 经济研究, 2012, 3:

[44] 罗鼐. 中国长期经济增长: "内生"的扭曲和"外生"的抑制 [J]. 当代经济科学, 1999, 5: 13-16.

[45] 钱学锋, 陈勇兵. 国际分散化生产导致了集聚吗: 基于中国省级动态

面板数据 GMM 方法 [J]. 世界经济, 2009, 12.

[46] 邵敏, 黄玖立. 外资与我国劳动收入份额 [J]. 经济学季刊, 2010, 4: 1189-1210.

[47] 盛仕斌, 徐海. 要素价格扭曲的就业效应研究 [J]. 经济研究, 1999, 5: 66-72.

[48] 盛誉. 贸易自由化与中国要素市场扭曲的测定 [J]. 世界经济, 2005, 6: 29-36.

[49] 施炳展, 冼国明. 要素价格扭曲与中国工业企业出口行为 [J]. 中国工业经济, 2012, 2: 47-56.

[50] 史晋川, 赵自芳. 所有制约束与要素价格扭曲 [J]. 统计研究, 2007, 6: 43-47.

[51] 孙敬水, 董立锋. 居民收入差距适度性测度研究 [J]. 经济学家, 2012, 3: 27-36.

[52] 孙宁华, 堵溢, 洪永淼. 劳动力市场扭曲效率差异与城乡收入差距 [J]. 管理世界, 2009, 9: 44-51.

[53] 孙祁祥, 肖志光. 社会保障制度改革与中国经济内外再平衡 [J]. 金融研究, 2013, 6: 74-88.

[54] 孙永强, 巫和悉. 出口结构、城市化与城乡居民收入差距 [J]. 世界经济, 2012, 9: 105-120.

[55] 孙永强. 金融发展、城市化与城乡收入差距研究 [J]. 金融研究, 2012, 4: 98-109.

[56] 田卫民. 省域居民收入基尼系数测算及其变动趋势分析 [J]. 经济科学, 2012, 2: 48-59.

[57] 万广华, 陆铭, 陈钊. 全球化与地区间收入差距: 来自中国的证据 [J]. 中国社会科学, 2005, 3: 17-27.

[58] 王少平, 欧阳志刚. 中国城乡收入差距对实际经济增长的阈值效应 [J]. 中国社会科学, 2008, 2: 54-71.

[59] 王希. 生产要素价格扭曲程度测算方法综述 [J]. 内蒙古财经学院学报, 2011, 3: 43-48.

[60] 王希. 要素价格扭曲与经济失衡之间的互动关系研究 [J]. 财贸研究, 2012, 5: 8-16.

[61] 王小鲁, 樊纲, 刘鹏. 中国经济增长方式转换和增长可持续性 [J].

经济研究, 2009, 1: 4 - 16.

[62] 王小鲁, 樊纲. 中国收入差距的走势和影响因素分析 [J]. 经济研究, 2005, 10: 24 - 36.

[63] 王云飞, 朱钟棣. 贸易发展、劳动力市场扭曲与要素收入分配效应: 基于特定要素的短期分析 [J]. 世界经济, 2009, 1: 38 - 52.

[64] 王征, 鲁钊阳. 农村金融发展与城乡收入差距——基于我国省级动态面板数据模型的实证研究 [J]. 财贸经济, 2011, 7: 55 - 62.

[65] 魏下海, 董志强, 刘愿. 政治关系、制度环境与劳动收入份额 [J]. 管理世界, 2013, 5: 35 - 47.

[66] 伍山林. 劳动收入份额决定机制: 一个微观模型 [J]. 经济研究, 2011, 9: 55 - 68.

[67] 席艳玲, 吉生保, 王小艳. 要素相对价格对产业结构调整的倒逼效应分析 [J]. 财贸研究, 2013, 5: 18 - 24.

[68] 夏晓华, 李进一. 要素价格异质性扭曲与产业结构动态调整 [J]. 南京大学学报, 2012, 3: 40 - 48.

[69] 冼国明, 石庆芳. 要素市场扭曲与中国的投资行为 [J]. 财经科学, 2013, 10: 31 - 42.

[70] 冼国明, 徐清. 劳动力市场扭曲是促进还是抑制了 FDI 的流入 [J]. 世界经济, 2013, 9: 25 - 48.

[71] 肖红叶, 都枫. 中国收入初次介配结构及其国际比较 [J]. 财贸经济, 2009, 2: 13 - 23.

[72] 徐长生, 刘望辉. 劳动力市场扭曲与中国宏观经济失衡 [J]. 统计研究, 2008, 5: 52 - 57.

[73] 徐建炜, 马光荣, 李实. 个人所得税改善中国收入分配了吗 [J]. 中国社会科学, 2013, 6: 53 - 72.

[74] 鄢萍. 资本误配置的影响因素初探 [J]. 经济学季刊, 2012, 11 (2): 489 - 520.

[75] 杨帆, 徐长生. 中国工业行业市场扭曲程度的测定 [J]. 中国工业经济, 2009, 9: 56 - 66.

[76] 杨俊, 黄潇, 李晓羽. 教育不平等与收入分配差距: 中国的实证分析 [J]. 管理世界, 2008, 1: 38 - 48.

[77] 袁志刚, 解栋栋. 中国劳动力错配对 TFP 的影响分析 [J]. 经济研究,

2011，7：4 - 17.

[78] 张杰，周晓艳，李勇. 要素市场扭曲抑制了中国企业 R&D？[J]. 经济研究，2011，8：78 - 91.

[79] 张杰，周晓艳，郑文平，芦哲. 要素市场扭曲是否激发了中国企业出口 [J]. 世界经济，2011，8：54 - 68.

[80] 张军，吴桂英，张吉鹏. 中国省级物资资本存量估算：1952 ~ 2000 [J]. 经济研究，2004，10：35 - 44.

[81] 张莉，李捷瑜，徐现祥. 国际贸易偏向型技术进步与要素收入分配 [J]. 经济学季刊，2012，11（2）：409 - 428.

[82] 张曙光，程炼. 中国经济转轨过程中的要素价格扭曲与财富转移 [J]. 世界经济，2010，10：3 - 24.

[83] 张天舒，黄俊. 区域经济集中、经济增长与收入差距 [J]. 金融研究，2013，2：73 - 86.

[84] 张幼文. 政策引致性扭曲的评估与消除 [J]. 学术月刊，2008，1：60 - 69.

[85] 章上峰，许冰. 初次分配中劳动报酬比重测算方法研究 [J]. 统计研究，2010，27（8）：74 - 78.

[86] 中华人民共和国国民经济和社会发展第十二个五年规划纲要 [M]. 北京：人民出版社，2011.

[87] 周黎安，赵鹰妍，李力雄. 资源错配与政治周期 [J]. 金融研究，2013，3：15 - 29.

[88] 周明海，肖文，姚先国. 企业异质性、所有制结构与劳动收入份额 [J]. 管理世界，2010，10：24 - 33.

[89] 周明海，肖文，姚先国. 中国经济非均衡增长和国民收入分配失衡 [J]. 中国工业经济，2010，6：35 - 45.

[90] 周明海，肖文，姚先国. 中国劳动收入份额的下降：度量与解释的研究进展 [J]. 世界经济文汇，2010，6：92 - 105.

[91] Abhijit V. Banerjee and Benjamin Moll. Why Does Misallocation Persist? [J]. *American Economic Journal. Macroeconomics*, 2010, 2 (1)：189 - 206.

[92] Acemoglu, D. and Guerrieri, V. Capital Deepening and Non-balanced Economic Growth [R]. NBER Working Paper, No. 12475, 2006.

[93] Adalmir Marquetti. Do Rising Real Wages Increase the Rate of Labor saving

Technical Change? Some Econometric Evidence [J]. *Metroeconomica*, 2004, 55: 432 -441.

[94] Ahmad M. and Bravo Ureta B. E. Technical Efficiency Measures for Dairy Farms Using Panel Data: A Comparison of Alternative Model Specifications [J]. *The Journal of Productivity Analysis*, 1996, 7: 399 -415.

[95] Albert Fishlowand Paul A. David. Optimal Resource Allocation in an Imperfect Market Setting [J]. *Journal of Political Economy*, 1961, 69: 529 -542.

[96] Alfaro, Laura, Andrew Charlton, and Fabio Kanczuk. Plant-Size Distribution and Cross-Country Income Differences [R]. NBER Working Paper No. w14060, 2008.

[97] Andrew T, Young. Labor's Share Fluctuations, Biased Technical Change, and the Business Cycle [J]. *Review of Economic Dynamics*, 2004, 7: 916 -931.

[98] Arellano M. and Bond S. Some Tests of Specification for Panel Data: Monte Carlo Evidenee and an Application to Employment Equations [J]. *Review of Economic studies*, 1991, 58: 277 -297.

[99] Arellano M. and Bover O. Another Look at the Instrumental Variables Estimation of Error-Components Model [J]. *Journal of Econometrics*, 1995, 68 (1): 29 -51.

[100] Arpaia A., E. Pérez and K. Pichelmann. Understanding Labour Income Share Dynamics in Europe [R]. European Economy Working Paper, No. 379, 2009.

[101] Atkinson S. E. and Cornwell C. Profit versus Cost Frontier Estimation of Price and Technical Inefficiency: A Parametric Approach with Panel Data [J]. *Southern Economic Journal*, 1998, 64 (3): 753 -764.

[102] Atkinson A. B. The Changing Distribution of Income: Evidence and Explanations [J]. *German Economic Review*, 2000, 1 (1): 3 -18.

[103] Aziz J. and Dunaway S. Rebalancing China's Economy: What Does Growth Theory Tell Us? [R]. IMF Working Paper, WP/06/291, 2007.

[104] Aziz Jahangir and Li Cui. Explaining China's Low Consumption: The Nelected Role of Household Income [R]. IMF working paper, No. 7/181, 2007.

[105] Balassa B. Comparative Advantage in Manufactured Goods: A Reappraisal [J]. *Review of Economics and Statistics*, 1986, 68 (3), 315 -319.

[106] Banerjee V. A. and Newman F. A. Occupational Choice and the Process of

Development [J]. *Journal of Political Economy*, 1993, 101 (2): 274-298.

[107] Banker R. D., V. M. Gadh and W. L. Gorr. A Monte Carlo Comparison of Two Production Frontier Estimation Methods: Corrected Ordinary Least Squares and Data Envelopment Analysis [J]. *European Journal of Operational Research*, 1993, 67 (3): 332-343.

[108] Barro R. J. Inequality and Growth in a Panel of Counties [J]. *Journal of Economic Growth*, 2000, 5: 5-32.

[109] Barro, Robert J. andLee, J. W. International Measures of Schooling Years and Schooling Quality [J]. *American Economic Review*, 1997, 86 (2): 218-223.

[110] Battese G. E. and Coelli, T. J. Frontier Production Functions, Technical Efficiency and Panel Data: With Application to Paddy Farmers in India [J]. *The Journal of Productivity Analysis*, 1992, 3: 153-169.

[111] Berman E., Bound, J. and Machin, S. Implications of Skill Biased Technological Change: International Evidence [J]. *Quarterly Journal of Economics*, 1998, 113 (4): 1245-1279.

[112] Bertola G. Factor Shares in OLG Models of Growth [J]. *European Economic Review*, 1996, 40 (8): 1541-1560.

[113] Bhagwati J. *The generalized theory of distortions and welfare, in Trade Balance of Payments and Growth* [M]. North-Holland Publishing Company, Amsterdam: 69-90, 1971.

[114] Bhagwati J. and V. K. Ramaswami. Domestic Distortions, Tariffs and the Theory of Optimum Subsidy [J]. *Journal of Political Economics*, 1969, 77 (6): 1005-1015.

[115] Blinder, Alan S. Wage Discrimination: Reduced Form and Structural Estimates [J]. *Journal of Human Resources*, 1973, 8: 436-455.

[116] Blundell R., Bond, S. Initial Condition and Moment Restrictions in Dynamic Panel Data Models [J]. *Journal of Econometrics*, 1998, 87 (1): 111-143.

[117] Bowen H. P., Leamer, E. E. and Sveikauskas, L. Multicountry, Multifactor Tests of the Factor Abundance Theory [J]. *American Economic Review*, 1987, 77 (5): 791-809.

[118] Bruce M., Skoorka. Measuring Market Distortion: International Comparisons, Policy and Competitiveness [J]. *Applied Economics*, 2000, 32 (3): 253-

264.

[119] Campbell J. Y. , Mankiw, N. G. The Response of Consumption to Income: A Cross-section Investigation [J]. *European Economic Review*, 1991, 23: 1 – 24.

[120] Caselli F. and W. J. Coleman. The U. S. Structural Transformation and Regional Convergence: A Reinterpretation [J]. *Journal of Political Economy*, 2001, 109, 584 – 616.

[121] Chacholiades M. *International Trade Theory and Policy* [M]. Mc Graw – Hill Book Company, New York, 1978.

[122] Chang Tai Hsieh and Peter J. Klenow. Development Accounting [J]. *American Economic Journal: Macroeconomics*, 2010, 2 (1): 207 – 223.

[123] Chang Tai Hsieh and Peter J. Klenow. Misallocation and Manufacturing TFP in China and India [J]. *Quarterly Journal of Economics*, 2009, 124 (4): 1403 – 1448.

[124] Charles I. , Jones. Misallocation, Economic Growth, and Input – Output Economics [R]. NBER Working Paper, No. 16742, 2011.

[125] Charles I. , Jones. Intermediate Goods and Weak Links in the Theory of Economic Development [J]. *American Economic Journal: Macroeconomics*, 2011, 3: 1 – 28.

[126] Christensen L. R. , D. W. Jorgenson, and L. J. Lau. Transcendental Logarithmic Production Frontiers [J]. *The Review of Economics and Statistics*, 1973, 55, (1): 28 – 45.

[127] Cowell F. , Jenkins, S. How Much Inequality Can We Explain? A Methodology and an Application to the United Sates [J]. *Economic Journal*, 1995, 105: 421 – 430.

[128] Currie J. , Harrison, A. E. Sharing the Costs: The Impact of Trade Reform on Capital and Labor in Morocco [J]. *Journal of Labor Economics*, 1997, 15 (3): 44 – 71.

[129] Daron Acemoglu, Veronica Guerrieri. Capital Deepening and Nonbalanced Economic Growth [J]. *Journal of Political Economy*, 2008, 116 (3): 467 – 498.

[130] Daron Acemoglu, Thierry Verdier. The Choice Between Market Failures and Corruption [J]. *The American Economic Review*, 2010, 90 (1): 194 – 211.

[131] Deran E. Changes in Factor Income Shares under the Social Security Tax

[J]. *Review of Economics and Statistics*, 1967, 49, No. 4.

[132] Diego Restuccia, Richard Rogerson. Policy Distortions and Aggregate Productivity with Heterogeneous Plants [R]. NBER Working Paper No. 13018, 2007.

[133] Diwan I. Labor Shares and Financial Crises [R]. Draft paper for the World Bank, 1999.

[134] Diwan L. Labor Shares and Globalization [R]. World Bank Working Paper, Washington, 2000.

[135] Diwan L. Debt as Sweat: Labor, Financial Crises, and the Globalization of Capital [R]. Working Paper, July, World Bank, Washington, 2001.

[136] Dobson, Wendy, Anil K. Kashyap. The Contradiction in China's Gradualist Banking Reforms [R]. Brooking Papers on Economic Activity, 2006, 2: 103 - 148.

[137] Eric J. Bartelsman, John C. Haltiwanger, and Stefano Scarpetta. Cross-Country Differences in Productivity: The Role of Allocation and Selection [R]. NBER Working Paper No. 15490, November, 2009.

[138] Farrell M. J. The Measurement of Productive Efficiency [J]. *Journal of the Royal Statistical Society*, Series A, General, 1957, 120 (3): 253 - 381.

[139] Galindo, Arturo, Fabio Schiantarelli, Andrew Weiss. Does Financial Liberalization Improve the Allocation of Investment? Micro-Evidence from Developing Countries [J]. *Journal of Development Economics*, 2007, 83: 562 - 587.

[140] Gallagher, M. E. Time Is Money, Efficiency Is Life: The Transformation of Labour Relations in China [J]. *Studies in Comparative International Development*, 2004, 39: 11 - 44.

[141] Galor O., Moav, O. From Physical to Human Capital Accumulation: Inequality in the Process of Development [J]. *Review of Economic Studies*, 2004, 71 (4): 1001 - 1026.

[142] Galor O. and Zeira, J. Income Distribution and Macroeconomics [J]. *Review of Economic Studies*, 1993, 60 (1): 35 - 52.

[143] Gollin D. Getting Income Shares Right [J]. *Journal of Political Economy*, 2002, 110 (2): 458 - 474.

[144] Green A., Harris C., Mayes, D. Estimation of Technical Inefficiency in Manufacturing Industry [J]. *Applied Economics*, 1991, 23: 1637 - 1647.

[145] Greenwood, J. and Jovanovic, B. Financial Development, Growth, and the Distribution of Income [J]. *Journal of Political Economy*, 1990, 98 (5): 1076 – 1107.

[146] Hall R. E., D. W. Jorgenson. Tax Policy and Investment Behavior: Comment [J]. *American Economic Review*, 1969, 59 (3): 370 – 379.

[147] Harberger A. C. Monopoly and Resource Allocation [J]. *American Economic Review*, 1959, 44 (2): 77 – 87.

[148] Harrison A. Productivity, Imperfect Competition and Trade Reform: Theory and Evidence [J]. *Journal of International Economics*, 1994, 36 (1): 53 – 73.

[149] Harry G. Johnson. Factor Market Distortions and the Shape of the Transformation Curve [J]. *Econometrica*, 1966, 34 (3): 686 – 698.

[150] Heaton J., D. Lucas. Market Frictions, Saving Behavior, and portfolio Choice [J]. *Macroeconomic Dynamics*, 1997, 1 (1): 76 – 101.

[151] Helpman E. Krugman P. R. *Market Structure and Foreign Trade: Increasing Returns, Imperfect Competition and the International Economy* [M]. The MIT Press, Cambridge, Massachusetts, 1986.

[152] Heshmati A. Efficiency Measurement in Rotating Panel Data [J]. *Applied Economics*, 1998, 30 (7): 919 – 930.

[153] Hofman, Antre A. Economic Growth, Factor Shares and Income Distribution in Latin American in the Twentieth Century [R]. working paper, 2001.

[154] Howitt, Peter, Endogenous Growth and Cross Country Income Differences [J]. *American Economic Review*, 2000, 90 (4): 829 – 846.

[155] J. Peter Neary. Dynamic Stability and the Theory of Factor-Market Distortions [J]. *American Economic Review*, 1978, 68 (4): 671 – 682.

[156] Jagdish Bhagwati V. K. Ramaswami. Domestic Distortions, Tariffs and the Theory of Optimum Subsidy [J]. *Journal of Political Economy*, 1963, 71 (1): 44 – 50.

[157] Joan Esteban, Debraj Ray. Inequality, Lobbying, and Resource Allocation [J]. *American Economic Review*, 2006, 96 (1): 257 – 279.

[158] Johnson D. Gale. The Functional Distribution of Income in the United States: 1850 – 1952 [J]. *Review of Economics and Statistics*, 1954, 36 (2): 175 – 182.

[159] Johnson H. G. Factor Market Distortions and the Shape of the Transformation Curve [J]. *Econometrica*, 1966, 34 (3): 686 – 98.

[160] Jones R. W. Variable Returns to Scale in General Equilibrium Theory [J]. *International Economic Review*, 1968, 9: 261 – 72.

[161] Juhn Chinhui, Murphy, Kevin M. , Pierce, Brooks. Wage Inequality and the Rise in Returns to Skill [J]. *Journal of Political Economy*, 1993, 101 (3): 410 – 442.

[162] Kalirajan K. P. On Measuring Economic Efficiency [J]. *Journal of Applied Econometrics*, 1990, 5, 75 – 85.

[163] Krueger Alan B. Measuring Labor s Share [J]. *The American Economic Review*, 1999, 89 (2): 45.

[164] Kuijs, Louis. Investment and Saving in China [R]. World Bank Policy Research Working Paper 3633, 2005.

[165] Kumbhakar S. C. The Specification of Technical and Allocative Inefficiency in Stochastic Production and Profit Frontiers [J]. *Journal of Econometrics*, 1987, 34 (3): 334 – 348.

[166] Kumbhakar S. C. Production Frontiers, Panel Data, and Time Varying Technical Inefficiency [J]. *Journal of Econometrics*, 1990, 46 (1 – 2): 201 – 211.

[167] Kuznets. Economic Growth and Income Inequality [J]. *The American Economic Review*, 1955, 45 (1): 1 – 28.

[168] Lewis A. Economic Development with Unlimited Supplies of Labor [J]. *The Manchester School*, 1954, 22 (5): 139 – 191.

[169] Louis Kaplow. On the (Ir) Relevance of Distribution and Labor Supply Distortion to Government Policy [J]. *Journal of Economic Perspectives*, 2004, 18 (4): 159 – 175.

[170] Lucia Foster, John Haltiwanger, Chad Syverson. Reallocation, Firm Turnover, and Efficiency: Selection on Productivity or Profitability? [J]. *American Economic Review*, 2008, 98 (1), 394 – 425.

[171] MacKinnon, James G. , Alfred A. Haug, Leo Michelis. Numerical Distribution Functions of Likelihood Ratio Tests for Co-integration [J]. *Journal of Applied Econometrics*, 1999, 14 (5): 563 – 577.

[172] Magee, Stephen P. Factor Market Distortions, Production, Distribution,

and the Pure Theory of International Trade [J]. *The Quarterly Journal of Economics*, 1971, 85 (4): 623 – 643.

[173] Matthew F. Mttchell, Andrea Moro. Persistent Distortionary Policies with Asymmetric Information [J]. *American Economic Review*, 2006, 96 (1): 387 – 393.

[174] Mckinnon I. R. *Money and Capital in Economic Development* [M]. Washington, D. C., The Brookings Institution Press, 1973.

[175] Melitz M. The Impact of Trade on Intra-industry Reallocations and Aggregate Industry Productivity [J]. *Econometric*, 2003, 71 (6): 1695 – 1725.

[176] Melitz Marc J., and Gianmarco I. P. Ottaviano. Market Size, Trade, and Productivity [J]. *Review of Economic Studies*, 2008, 75 (1), 295 – 316.

[177] Melvin J. R. Increasing Returns to Scale as a Determinant of Trade [J]. *Canadian Journal of Economics*, 1969, 2 (3): 389 – 402.

[178] Modigliani Franco, Cao Shi Larry. The Chinese Saving Puzzle and the Life Cycle Hypothesis [J]. *Journal of Economic Literature*, 2004, 42 (1): 145 – 170.

[179] Murakami N., D. Q. Liu, K. Otsuka. Technical and Allocative Efficiency among Socialist Enterprises: The Case of the Garment Industry in China [J]. *Journal of Comparative Economics*, 1994, 19 (3): 410 – 433.

[180] Musgrave, Philip. Income Distribution and the Aggregate Consumption Function [J]. *Journal of Political Economy*, 1980, 88 (3): 504 – 525.

[181] Naughton B. *How Much Can Regional Integration Do to Unify China's Markets* [M]. Stanford: Stanford University Press, 2003: 204 – 232.

[182] Olivier Gourinchas, Olivier Jeanne. Capital Flows to Developing Countries: The Allocation Puzzle [R]. NBER Working Paper, No. 13602, 2007.

[183] Panagariya A. Variable Returns to Scale in General Equilibrium Theory Once Again [J]. *Journal of International Economics*, 1980, 10 (4): 499 – 526.

[184] Park, Albert, Hehui Jin, Scott Rozelle, and Jikun Huang. Market Emergence and Transition: Transaction Costs, Arbitrage, and Autarky in China's Grain Markets [J]. *American Journal of Agricultural Economics*, 2002, 84 (1): 67 – 82.

[185] Park K. H. Education Expansion and Educational Inequality on Income Distribution [J]. *Economics of Education Review*, 1996, 15 (1): 51 – 58.

[186] Poterba J. M. The Rate of Return to Corporate Capital and Factor Shares: New Estimates Using Revised National Income Accounts and Capital Stock Data [R].

NBER Working Paper No. 6263, 1997.

[187] R. Blundell, S. Bond, Initial Conditions and Moment Restrictions in Dynamic panel Data Models [J]. *Journal of Econometrics*, 1998, 87 (1): 115 – 143.

[188] Restuccia D., Yang D., Zhu X. Agriculture and Aggregate Productivity: A Quantitative Cross-country Analysis [J]. *Journal of Monetary Economics*, 2008, 55 (2): 234 – 250.

[189] Rodrik D. *Trade and Industrial Policy Reform in: Handbook of Development Economics* [M]. New York: North – Holl, 1995.

[190] Ronald F., Ronald J. Factor Bias and Technical Progress [J]. *Economics Letters*, 2000, 68 (3): 303 – 308.

[191] Roodman, David. How to Doxt abond 2: An Introduction to Difference and System GMM in Stata [R]. Working Paper, No. 103, Center for Global Development, 2006.

[192] Schmidt P. Frontier Production Functions [J]. *Econometric Reviews*, 1986, 4 (2): 289 – 328.

[193] Schmidt P. Estimation of a Fixed-effect Cobb-Douglas System Using Panel data [J]. *Journal of Econometrics*, 1988, 37 (3): 361 – 380.

[194] Sebastian Edwards. Trade Policy, Growth, and Income Distribution [J]. *The American Economic Review*, 1997, 87 (2): 205 – 210.

[195] Seddon D. and Wacziarg R. Review of Easterly's the Elusive Quest for Growth [J]. *Journal of Economic Literature*, 2002, 40 (3): 907 – 918.

[196] Shi X. Z. Empirical research on Urban-Rural Income Differentials: The Case of China [J]. *Monthly Labor Review*, 2002, 8: 25 – 31.

[197] Shing-Yi Wang. State Misallocation and Housing Prices: Theory and Evidence from China [J]. *American Economic Review*, 2011, 101 (8): 2081 – 2107.

[198] Shorrocks A. F. Inequality Decomposition by Factor Components [J]. *Econometrica*, 1982, 50 (1): 193 – 211.

[199] Skoorka B. M. Measuring Market Distortion: International Comparisons, Policy and Competitiveness [J]. *The Applied Economics*, 2000, 32 (3): 253 – 264.

[200] Summers R. and Heston A. A Set of International Comparisons of Real Product and Price Levels Estimates for 130 Countries 1950 – 1985 [J]. *Review of Income and Wealth*, 1988, 34 (1): 1 – 25.

[201] Thomas Hertel, Fan Zhai. Labor Market Distortions, Rural-urban Inequality and the Opening of China's Economy [J]. *Economic Modelling*, 2006, 23 (1): 76 – 109.

[202] Verhoogen E. Trade Quality Upgrading and Wage Inequality in the Mexican Manufacturing Sector [J]. *Quarterly Journal of Economics*, 2008, 123 (2): 489 – 530.

[203] Young, A. T. Labor's Share Fluctuations, Biased Technical Change, and the Business Cycle [J]. *Review of Economic Dynamics*, 2004, 7 (4): 916 – 931.

[204] Young Alwyn. Gold into Base Metals: Productivity Growth in the People's Republic of China during the Reform Period [J]. *Journal of Political Economy*, 2003, 111 (6): 1220 – 1261.

[205] Young Alwyn. The Razor's Edge, Distortions and Incremental Reform in the People's Republic of China [J]. *Quarterly Journal of Economics*, 2000, 115 (4): 1091 – 1135.

致　　谢

  不经意间，博士毕业已有多年，岁月的镌刻我已不是曾经那个少年，而内里我还是曾经那个少年，没有一点点改变。博士论文能够毕业之后得以出版，无尽感慨的同时，涌上心头的却是沉甸甸的感恩之情。

  饮水思源，在此深深地感谢我的博士导师冼国明教授。在南开大学攻读博士期间，冼老师给予了我殷切的教诲和无微不至的关怀。冼老师专业功底深厚、学识渊博、和蔼亲切、视野开阔以及治学严谨的态度，永远是我们学习的榜样。在和老师一次次的讨论中，我不仅学到了丰富的知识，开阔了视野，更学到了难得的品格，受益终生。在博士论文写作过程中，从选题、拟定框架到论文最终定稿，都得到了老师的悉心指导。正是得益于老师的言传身教、引导和启发，我的研究能力得到了很大提高，能够独立开展规范的经济学研究，也才有了博士论文今天的出版。能够成为冼老师的弟子是我的荣幸，未来我将继续努力，以不愧于老师的教诲与关心。在此衷心祝愿老师健康长寿，桃李满天下，学子尽乾坤。

  感谢中共山东省委党校（山东行政学院）创新工程科研支撑项目的支持，没有单位的支持，本书也很难得以顺利出版。更要感谢经济学部的孔祥荣主任，一次次的建议和提醒，让我定下心来要出版，试试吧！开始联系出版社，最后得以成功。感谢同事王春萌，出版过程中咨询了她很多问题，总是很乐意解答，让我省了很多心。

  感谢经济科学出版社的撒晓宇编辑，正是有她一次次的辛苦审阅、修改，并及时反馈审稿意见，才让本书得以顺利出版。

  感谢身边的领导、同事、同学，有你们人生才更精彩，感谢在我成长之路上培育我的各位师长以及帮助过我的朋友们，有你们才有成长。

  最后我要深深地感谢我的父母、妻子和孩子，是你们给了我温馨的港湾和欢乐。

石庆芳